Mein Sprachbuch 4

Das bärenstarke Arbeitsheft

Ausgabe Bayern

Sandra Duscher, Pfaffenhofen
Gabi Hahn, Regensburg
Margit Haneder, Regensburg
Sonja Syemushyn, Regensburg
Kornelia Winkelmeyr, Ingolstadt

Oldenbourg Schulbuchverlag, München

Redaktion:
Bea Herrmann

Illustration:
Jutta Garbert, Christa Unzner

Umschlagkonzept:
Mendell & Oberer, München

Umschlaggestaltung und Layoutkonzept:
Erasmi + Stein, München

Layout und technische Umsetzung:
Ines Schiffel, Berlin

Textrechte:
S. 33: Dieter Dammann: Gedicht zur Abfalltrennung (bearbeitet). In: Die große Abfallfibel für den Privathaushalt für den Landkreis Stade, April 2008, S. 18.

S. 47: Paul Maar, Das fliegende Kamel. Verlag Friedrich Oetinger, Hamburg 2010

Zeichenerklärung:

ICH – Denke zuerst alleine nach.

DU + ICH – Wie macht es dein Nachbarkind? Warum ist das so? Sprecht darüber.

WIR – Stellt eure Ergebnisse in der Klasse vor. Was meinen die anderen? Entscheidet gemeinsam.

Schreibe in dein Heft.

Schreibe in dein Lerntagebuch.

(3) Die Zahl in der Klammer verrät dir die Anzahl der richtigen Lösungen – hier zum Beispiel 3.

Detektivstift – Klappe den hinteren Umschlag auf. Der Detektivstift hilft dir, richtig zu schreiben.

Übe deine Wörter mit der Wörterbox.

Kennzeichnung der Anforderungsbereiche:

3 Wiedergeben (AB 1)

3 Zusammenhänge herstellen (AB 2)

3 Reflektieren und beurteilen (AB 3)

Die **Wörterschulen** enthalten den Grundwortschatz der Jahrgangsstufen 1 bis 4.

* Wörter **mit Sternchen** sind zusätzliche Beispiele.

Der Stift in den Wörterschulen zeigt dir, was du machen sollst – zum Beispiel die Silben kennzeichnen.

☐ Darin ordnest du die Lernwörter: nach dem Abc, der Silbenanzahl, nach Buchstaben oder Wortart, nach Lieblingswörtern …

www.cornelsen.de

1. Auflage, 5. Druck 2022

Alle Drucke dieser Auflage sind inhaltlich unverändert und können im Unterricht nebeneinander verwendet werden.

Druck: H. Heenemann, Berlin

ISBN 978-3-7627-0521-5

PEFC
PEFC/04-31-1156

PEFC zertifiziert
Dieses Produkt stammt aus nachhaltig bewirtschafteten Wäldern und kontrollierten Quellen.
www.pefc.de

In Bibus Welt

Wenn du mit einem Arbeitsblatt fertig bist, suchst du hier die Flagge aus dem jeweiligen Merkkasten. Du darfst sie anmalen oder einkreisen.

① Das kann ich schon – aus der 3. Klasse

1. Rechtschreib-Trick: Sil-ben spre-chen!

a) Sprich in Silben. Ergänze **e** (7), **er** (4) oder **r** (7).

ma-ch___n, der Fin-g___, schen-k___n, mo___-gen, der Ne-b___l,

die Ge-sich-t___, stä___-ker, ge___-ne, die Ta-sch___n, der Spre-ch___,

ge-g___n, we___-fen, die Men-sch___n, die A___-me,

die Be-schwe___-de, der Fi-sch___, rei-t___n, me___-ken

b) Klingt der **i**-Laut am Silbenende lang? Dann musst du **ie** schreiben.
Ergänze die Wörter, schreibe sie auf.

ti___-fer, ri___-chen, zi___-hen, Vi___-rer, zi___-len

tie-fer, ______________________________

c) Setze ein: **i** (3) oder **ie** (3)? Sprich in Silben, schreibe in Silben.

Bl___nde, Br___fe, L___ste, s___ben, fl___gen, R___nder

Blin-de, ______________________________

d) Sprich in Silben. Achte auf doppelte Konsonanten. Ergänze und schreibe.

es-___en, zu-sam-___en, stel-___en, Wol-___e, Num-___er

es-sen, ______________________________

e) Sprich in Silben. Achte auf **tz**. Ergänze und schreibe.

schüt-___en, Kat-___e, sit-___en, Plät-___e, Spit-___e

schüt-zen, ______________________________

f) Vor einem **k**-Laut: Ist die Silbe offen und der Vokal/Umlaut am Silbenende kurz?
Dann musst du **ck** schreiben.

be-glü-___en, ver-ste-___en, De-___e, Stü-___e, wa-___eln

be-glü-cken, ______________________________

g) Setze ein: **k** (3) oder **ck** (3)? Sprich in Silben, schreibe in Silben.

wa___eln, wan___en, lo___er, Kro___us, hä___eln, pa___en

wa-ckeln, ______________________________

Seitenangabe zum Sprachbuch → SB 1. Das kann ich schon – aus der 3. Klasse • Seite 6

2. Rechtschreib-Trick: An Regeln denken!

a) Satzanfänge schreiben wir groß. Schreibe richtig:
wo sind die Fehler? du findest sie.

b) **Nomentest:** anfassen? Artikel? Mehrzahl?
Nomen schreiben wir groß. Schreibe mit Artikel richtig auf:

backen, bäcker, schutz, schützen, sprechen, sprecherin

c) Wir verlängern Wörter und schreiben in Silben. g oder k? d oder t? b oder p?

Köni__	Aben__	star__	lie__	Luf__
Kö-ni-ge				
sie stei__t	er erlau__t	sie schen__t	es wir__	sie kla__t
stei-gen				

d) Schreibe zusammengesetzte Nomen und Adjektive:

 Salat

Obst 

 rein

bitter, böse

e) Aus a wird ä, aus au wird äu. Ergänze Ä/ä (3) oder E/e (2), Äu/äu (2) oder Eu/eu (1). Schreibe das verwandte Wort.

die ____rzte	die L____ferin	die B____rge	tr____men
der Arzt	l	der	der
verl____ngern	dr____ckig	das R____tsel	die N____igkeit
l	der	r	n

SB Seite 6

f) Wir achten auf die Vokallänge und verlängern die Wörter.
Doppelter Konsonant (3)? Schreibe jeweils das verlängerte Wort in Silben.
Markiere den Vokal mit Punkt oder Strich.

sie stel___t schlim___ er wag___t schnel___ es gehör___t

stel-len ___ ___ ___ ___

i (2) oder **ie** (3)? **ie** klingt lang. Schreibe jeweils das verlängerte Wort in Silben.
Markiere den **i**-Laut mit Punkt oder Strich.

es r___cht sie tr___nkt er br___ngt sie l___bt er verl___rt

rie-ch-en ___ ___ ___ ___

g) Wortbausteine am Wortende bestimmen die Wortart.
Kannst du das Wort mit den Wortbausteinen **-ung** (1), **-nis** (1), **-heit** (1), **-keit** (1) verbinden? Dann erhältst du ein Nomen. Schreibe es mit Artikel auf.

versammeln heiter erlauben frei

die Versammlung ___ ___ ___

h) Kannst du das Wort mit den Wortbausteinen **-ig** (1), **-lich** (1), **-bar** (1), **-los** (1), **-sam** (1) verbinden? Dann erhältst du ein Adjektiv. Schreibe es auf.

die Luft essen

luftig ___

der Wert erholen das Dorf

___ ___ ___

3. Rechtschreib-Trick: Üben und merken!

Schreibe das Wort zum Bild. Die Wörterliste ab Seite 75 hilft dir.

___ ___ ___ ___

___ ___ ___ ___

Zusammengesetzte Nomen

Wörterschule

- ☐ Ma|schine
- ☐ schneiden
- ☐ kaufen
- ☐ Land
- ☐ Rad
- ☐ lesen
- ☐ Kabel*
- ☐ Anschluss*

(1) Ordne die Lernwörter nach Wortarten.

MZ ddd ich Z Wie?

____

____

____

____

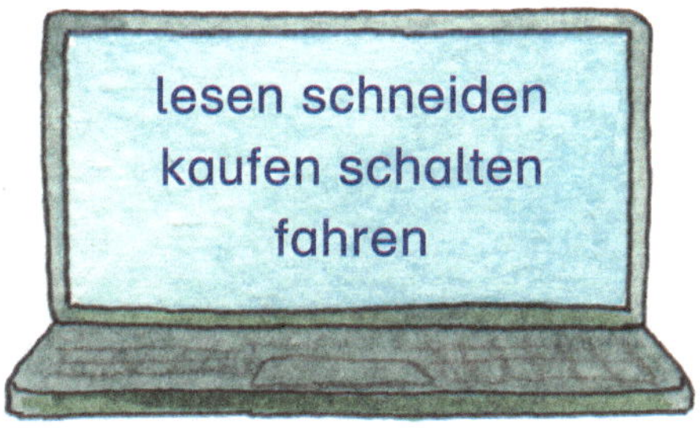

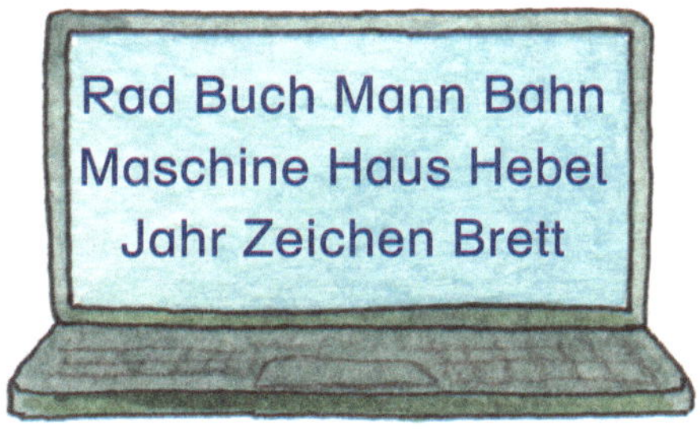

Markiere die Anfangsbuchstaben der zusammengesetzten Wörter gelb.

(2) Setze die Verben und die Nomen aus den Bildschirmen zusammen. Finde möglichst viele zusammengesetzte Nomen.

Schreibe so:
lesen – das Buch = das Lesebuch   lesen – das Zeichen = das Lesezeichen

(3) a) ICH Setze auch diese Wörter zusammen. Schreibe sie mit Artikel auf.

Spiegel kurz Laub hoch deutsch Radio	Nachricht Apparat Baum Unterricht Gebirge Ei

b) DU + ICH Welche Wortarten habt ihr hier zusammengesetzt?

______________ + ______________

______________ + ______________

Rechtschreib-Trick: An Regeln denken!

Wie kannst du zusammengesetzte Nomen bilden? Kreuze an (3).

- ☐ **Verb + Nomen**
- ☐ **Nomen + Verb**
- ☐ **Nomen + Adjektiv**
- ☐ **Adjektiv + Nomen**
- ☐ **Nomen + Nomen**
- ☐ **Verb + Verb**

Belgien

4 Aus welchen Wortarten sind folgende Wörter zusammengesetzt? Male die Bausteine richtig an: Nomen (N) = blau, Verben (V) = rot, Adjektive (A) = grün. Zerlege die Wörter und schreibe sie geordnet auf.

Renn	rad		Kabel	anschluss		Deutsch	land		Lade	kabel
Hoch	rad		Internet	verbindung		Näh	maschine		Flach	land

N + N: ______________________

____

V + N: das Rennrad: rennen – das Rad

____

____

A + N: ______________________

____

____

5 Wortfamilien: Immer drei Wörter gehören zusammen. Male sie in derselben Farbe an und schreibe sie dann mit Artikel geordnet auf.

Kaufhaus	Lesesessel	Hauskauf	Landkarte	Kaufmann	Hobelmaschine
Ackerland	Baumaschine	Neuland	Leseprobe	Maschinenbau	Lesestunde

Bilde zu weiteren Lernwörtern Wortfamilien.

6 Du kannst auch mehr als zwei Wörter zusammensetzen.

Karte – Deutsch – Land – die Deutschlandkarte

Zimmer – Klasse – Tür – ______________________

Ständer – Rad – fahren – ______________________

hoch – Reise – Zeit – ______________________

7 DU + ICH a) Schreibt zu den Wörtern aus Aufgabe 6 Sätze.

b) Schreibe zu eigenen zusammengesetzten Nomen Sätze.

Fremdwörter

- [ ] Tablet *
- [ ] E-Mail
- [ ] Internet *
- [ ] surfen *
- [ ] Display *
- [ ] Tastatur *
- [ ] Laptop *
- [ ] SMS *
- [ ] Desktop *
- [ ] PC *

1 Schreibe zu jedem Bild das passende Lernwort mit Artikel.

______________________ ______________________

______________________ ______________________

2 Vervollständige die Lernwörter. Schreibe die Nomen mit Artikel auf.

das Di_______y   ______ E-______   s______fen   ______ L____top

____ Ta____   ____ De____top,   __ Ta______tur   __ ______net

3 Kreuzworträtsel: Trage die Wörter in großen DRUCKBUCHSTABEN ein. Du erhältst ein Lösungswort.

Abkürzung für den Computer
Ein Computer, den du aufklappen kannst
Ein Brief, den du auf dem PC bekommst
Die Anzeige auf einem Handy
Im Internet etwas suchen
Die Tasten eines Computers
Der Bildschirmhintergrund
Netzwerk

	A								
			-						
	D						Y		
						F			
			S						
						K			
		T					T		

Lösungswort: ______________________

Rechtschreib-Trick:
Üben und merken!

Ergänze.

Fremdwörter ______________________

ich oft anders

als ich sie ______________________.

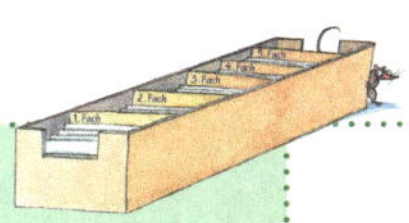

Bosnien-Herzegowina

4 Silbenrätsel: Setze die Silben zusammen.
Schreibe die zusammengesetzten Wörter (7) in dein Heft.

sur	E-	Ta	play
blet	Desk	PC	ta
top	Lap	Mail	top
tur	fen	Tas	Dis

Ein Wort bleibt übrig: ____________________
Für welchen Begriff stehen diese zwei Buchstaben? Schaue im Wörterbuch nach und schreibe ihn auf. Was bedeutet er? ____________________

5 Aufgabe 2 a/b

Trenne die Wörter durch Striche voneinander.
Kennzeichne die Wörter, die du groß schreibst mit einem Pfeil ↑. Schreibe den Text berichtigt auf.

einee-mailanlisa

liebelisa,ichhabeheuteeintabletbekommen.

aufdemdesktopsindvieleordner.

ichkannsiemitdemfingeröffnen.

ichbrauchekeinetastaturmehr.

nunkannichiminternetsurfen.

6 Schreibe den Text auf. Setze diese Fremdwörter passend ein:

E-Mails, Display, SMS, Tastatur, surfen, Tablet, PC

Zum Geburtstag bekam Lisas großer Bruder ein ____________. Damit kann er im Internet ____________. Er kann auch ____________ oder ____________ verschicken, fotografieren, Videos aufnehmen oder Musik hören. Lisa möchte auch gerne eines haben. Sie sagt: „Das wäre viel praktischer als mein ____________, weil ich keine Maus und keine ____________ brauche. Ich könnte alles mit dem Finger auf dem ____________ steuern."
Aber Mutter sagt: „Dafür bist du noch zu klein."

7 DU + ICH Findet zu einigen Lernwörtern verwandte Wörter.
Wo könnt ihr nachschauen?

____

____

Wörter trennen

Wörterschule

- ☐ Fla|sche
- ☐ halten
- ☐ Ast
- ☐ helfen
- ☐ alt
- ☐ lesen
- ☐ Loch
- ☐ Angel*
- ☐ Haken*

1 Sprich die Lernwörter in Silben. Notiere die Anzahl der Silben in den Kästchen.

2 Schreibe in jede Flasche das passende Lernwort.

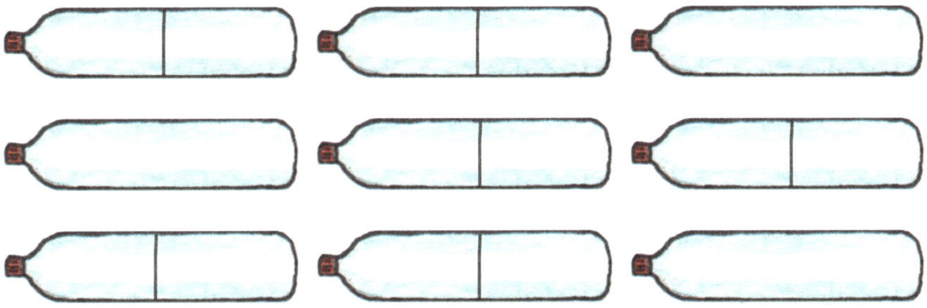

3 Ordne die Wörter der Wörterschule. Schreibe Nomen mit Artikel.

Nomen (5)

ich Verben (3)

Wie? Adjektiv (1)

4 Verlängere die einsilbigen Wörter aus der Wörterschule. Schreibe sie getrennt auf.

5 Suche die verwandten Wörter in der Wörterschule.
Sprich beim Schreiben leise in Silben mit. Schreibe so: uralt – alt, ...

uralt, die Haltung, der Kleiderhaken, erlesen,
hilflos, löchrig, das Geäst, Angler, Flaschenhals

Rechtschreib-Trick:
Sil-ben spre-chen!

Streiche durch, was falsch ist.

Wir trennen Wörter nach Silben / nach 3 Buchstaben / in der Mitte.

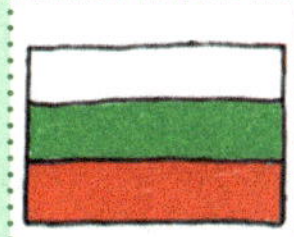

Bulgarien

6 Suche die Wörter in der Wörterliste ab Seite 75 und schreibe jeweils das vorausgehende Wort auf.

______	______	______
fragen	Hals	Löwe
______	______	______
auf	Hand	hell

7 Setze die Wörter in Klammern im richtigen Fall ein.

Bibu saß am Teich (der Nachbar) ______________________.

Er wollte (ein Fisch) ______________________ angeln.

In der Hand hielt er (ein alter Ast) ______________________ als Angel.

Plötzlich hing (ein Fisch) ______________________ an seinem Haken.

Alleine konnte Bibu (sein Fang) ______________________ nicht an Land ziehen.

Seine Freunde halfen (der Bär) ______________________.

Sie versuchten es mit einem Netz, aber leider hatte es

zu (große Löcher) ______________________.

8 Ergänze die Sätze durch Nomen im 3. oder 4. Fall. Achtung: Das Verb kann sich verändern.

Der Nachbar Die Puppe Die Freunde	danken helfen gehören	Wem?
Die Mutter Bibu Die Kinder	lesen halten essen	Wen oder was?

Abschreiben: Schritt für Schritt

1  ______________ sitzt mit seinen Freunden am  ______________.

2 In seiner  ______________ hält er eine  ______________.

3 Damit will er feine  ______________ für sich fangen.

4 Plötzlich hängt eine alte  ______________ an seinem Haken.

5 Darin steckt ein  ______________.

6 Vorsichtig zieht Bibu den Zettel oben durch den 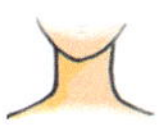 ______________ der Flasche.

7 Doch leider reißt das  ______________ in viele kleine Stücke.

8 Bibus Freunde setzen die  ______________ zusammen und geben Bibu den Brief.

9 Endlich können sie die Nachricht lesen:
Heute gibt es keinen  ______________!

(1) Lies den Text. Ergänze die fehlenden Wörter.

(2) Gliedere jeden Satz  in Sinnschritte.

(3) Lies immer bis zum Strich. Sprich dabei in Silben mit.

(4) Markiere Aufpassstellen gelb.

(5) Merke dir jeweils einen Sinnschritt und schreibe ihn auswendig auf. 

Rechtschreib-Trick:
Sil-ben spre-chen!

Kreuze an (1).

Ich merke mir beim Abschreiben

- ☐ **immer nur ein Wort.**
- ☐ **einen Sinnschritt.**
- ☐ **den ganzen Satz.**

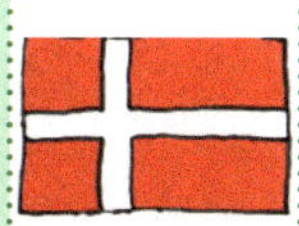

Dänemark

6 Die vier Fälle!

Antworte mit vollständigen Sätzen. Unterstreiche die Fragewörter und die Wörter, die darauf antworten. Ergänze den Fall.

Wer oder was sitzt am Teich? _____ Fall

Wen oder was hält er in seiner Hand? _____ Fall

Wer oder was will feine Fische fangen? _____ Fall

Durch wessen Hals zieht Bibu vorsichtig den Zettel? _____ Fall

Wem geben seine Freunde den Brief? _____ Fall

Wen oder was können sie endlich lesen? _____ Fall

7 Ersetze die unterstrichenen Nomen durch Pronomen im richtigen Fall und schreibe den Text auf.

Früher brachte der Opa seinem Enkel das Angeln bei. Sie gingen zum nächsten See und warfen den Angelhaken aus. Es gab noch keine Gesetze, die das Angeln regelten.
Heute werden die Gewässer durch strenge Kontrollen geschützt. Wenn du einen Fisch fangen möchtest, brauchst du erst einen Angelschein. Erst wenn du die Prüfung bestanden hast, kannst du deinem Opa zeigen, wie gut du angeln kannst.

Offene und geschlossene Silben

Wörterschule

- [ ] schwierig
- [ ] Zwiebel
- [ ] können
- [ ] tanken
- [ ] heute
- [ ] Boden
- [ ] Eltern
- [ ] Schinken*
- [ ] Falle*
- [ ] bringen*

1. Schreibe vor die Lernwörter **o** oder **g**:
o bedeutet, die erste Silbe ist **offen**,
g bedeutet, die erste Silbe ist **geschlossen**.

2. Lege eine Tabelle an. Trage die Lernwörter in Silben ein.

offene Silbe	geschlossene Silbe
schwie-rig	

3. Ergänze die Tabelle mit Wörtern, die mit diesen Silben beginnen. Ein Wörterbuch kann dir helfen. Beispiel: Das Wort Te-le-fon kannst du unter **offene Silbe** eintragen.
Fülle die leeren Krüge mit eigenen Silben.

4. Ordne folgende Wörter. Markiere **i** und **ie** farbig. Was fällt dir auf?

Filter fliehen Kinder hinten Wiege Liebe sieben Biene Finger Zimmer Kiste Ziegel

offene Silbe	geschlossene Silbe
	Fil-ter,

5. Ordne auch diese Wörter in die Tabelle von Aufgabe 4.
Markiere die Doppelkonsonanten farbig. Was fällt dir auf?

kämmen fassen Suppe Rinne Teller können Panne starren Wolle Kanne Paddel

Rechtschreib-Trick:
Sil-ben spre-chen!

Kreuze an (2).

- [ ] **ie schreibe ich meistens in geschlossenen Silben.**
- [ ] **ie schreibe ich meistens am Ende einer offenen Silbe.**
- [ ] **Der erste von zwei Doppelkonsonanten bildet immer das Ende einer geschlossenen Silbe, z.B. Rit-ter.**
- [ ] **Doppelkonsonanten stehen immer hinter einer offenen Silbe, z.B. Ri-tter.**

Deutschland

6 Zeichne das Muster im zweiten Tonkrug exakt nach.

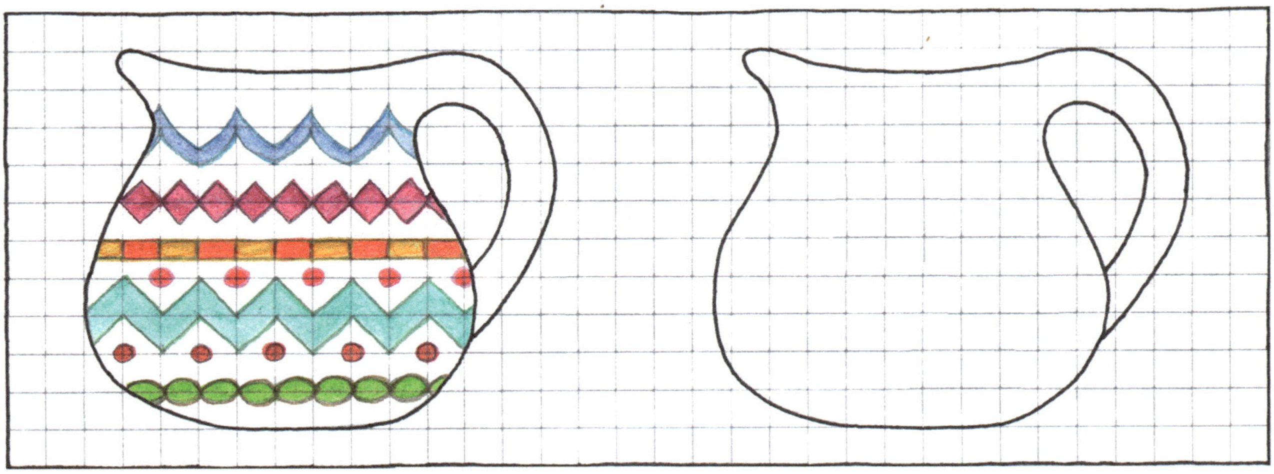

7 Lies diese Informationen zum alten Rom. Du findest darin Wörter (4) mit **ie**.
Schreibe sie auf:

Zuerst ist das Römische Reich ein Königreich,
dann eine Republik und schließlich ein Kaiserreich.
Der erste römische Kaiser heißt Augustus.
Im ganzen Reich sprechen die Einwohner Latein als Amtssprache.
Die einzelnen Länder des Römischen Reiches nennt man Provinzen.
So gibt es z.B. die Provinzen Britannia,
Gallia Belgica, Aquitania und Germania.
Der Kaiser führt viele Kriege, um das Reich zu erweitern
und zu verteidigen.

Bei einem der **ie**-Wörter trifft die Silben-Regel nicht zu. Bei welchem?
Findest du ein verwandtes Wort, bei dem die Regel zutrifft?

8 a) ICH Schreibe den Text aus Aufgabe 7 in der 1. Vergangenheit.
Unterstreiche alle Verben. Markiere Veränderungen im Wortstamm farbig.
Du weißt wie Verben genannt werden, bei denen sich der Wortstamm ändert.
b) DU + ICH Vergleicht eure Texte.
c) WIR Findet viele starke Verben. Die Wörterliste oder ein Wörterbuch können auch helfen.

9 Male die Verbformen, die zusammengehören, mit der gleichen Farbe an.

rufen zogen stanken schliefen bringen
fahren gaben geben stinken
schlafen brachten fuhren ziehen riefen

Lange und kurze Vokale

Wörterschule

- [•] Wo|che
- [ ] kurz
- [ ] Wut
- [ ] Niere
- [ ] Ebbe
- [ ] Wange
- [ ] nicht
- [ ] Wagen
- [ ] Woge
- [ ] neben

1. Markiere die Lernwörter mit – oder •.
– bedeutet, der erste Vokal wird **lang** gesprochen,
• bedeutet, der erste Vokal wird **kurz** gesprochen.

2. a) ICH ▸ Ordne die Lernwörter und folgende Wörter richtig in die Tabelle. Was fällt dir auf?

Hut Zunge Pulli graben Tanne Garten Post voll Rose viel Gift Schinken Pille Vieh siegen wirr nie

–	•
Hut	

b) DU + ICH ▸ Besprecht eure Ergebnisse.

c) WIR ▸ Formuliert eine Regel, wann ihr **i**, **ie** oder Doppelkonsonanten schreibt.

3. Ergänze die Tabelle mit weiteren Wörtern mit **ie** und Doppelkonsonanten.

4. Setze richtig ein.

i oder **ie**? der Br___f s___ben h___nten b___tter die Fl___ge

r oder **rr**? die Bee___e i___en vie___ der He___ das Geschi___

l oder **ll**? brü___en ho___en der Kna___ das Ge___ he___

Rechtschreib-Trick: An Regeln denken!

Ergänze.

ie klingt immer ____________________.

Der Vokal vor einem Doppelkonsonanten klingt immer ________________.

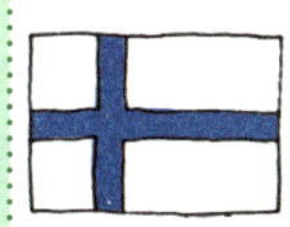

Finnland

5 Schreibe aus dem Text auf Seite 16 drei Sätze in der 2. Vergangenheit auf.

6 Ergänze die Tabelle mit den fehlenden Personal- und Zeitformen. Markiere Veränderungen im Wortstamm. Finde weitere Verben.

Gegenwart	1. Vergangenheit	2. Vergangenheit
ich laufe		
		wir haben gepfiffen
	er vergaß	
sie tritt		
		ihr habt getan
du wäschst		

7 DU + ICH Wann verwendet ihr die 1. Vergangenheit, wann die 2. Vergangenheit?

8 In dieser Geschichte ist einiges durcheinandergeraten.
a) DU + ICH Unterstreicht die Verben und bestimmt ihre Zeitformen.
b) Entscheide dich für eine Zeitform, in der du die Geschichte richtig aufschreibst.
c) Schreibe die Geschichte weiter.

Der kleine, mutige Wagenlenker Cicero trainierte gerade seine Pferde.
Da fällt neben ihm eine Zwiebel vom Himmel.
Ihn hat die Wut gepackt und er hat sich grimmig umgeschaut.
Wer warf hier mit Zwiebeln? Es ist nichts zu entdecken.
Kurzentschlossen trainierte er weiter.
In der Woche darauf ist das Gleiche wieder geschehen:
Eine Zwiebel fällt neben ihm vom Himmel ...

1 Der Kreislauf des Wassers

Vom Weltall aus betrachtet sieht die Erde wie ein riesiges Schwimmbad aus.
Der größte Teil der Erdoberfläche ist von Wasser bedeckt.
Wasser bietet vielen Pflanzen und Tieren einen Lebensraum.
Es beeinflusst auch das Wetter. Meere sind die größten Wasserspeicher.
Wenn das Wasser verdunstet, steigt es als Wasserdampf in die Atmosphäre.
Dort sammeln sich winzige Wassertröpfchen, es entstehen Wolken.
Der Wind treibt die Wolkenberge voran. Treffen die Wolken auf Kaltluft, kondensieren die winzigen Tröpfchen. Du kannst dem Wasser zusehen, wie es als Regen, Schnee oder Hagel auf die Erde kommt. So funktioniert der Kreislauf des Wassers.

Suche alle zusammengesetzten Nomen in dem Text und schreibe sie geordnet mit Artikel auf. Ein Wort passt zweimal. Schreibe es an beiden Stellen auf.

Nomen + Nomen ______________________

____

____

____

Verb + Nomen ______________________

Adjektiv + Nomen ______________________

2 Finde zu jedem der vier Fälle jeweils zwei Beispiele aus dem Text.

1. Fall: ______________________
2. Fall: ______________________
3. Fall: ______________________
4. Fall: ______________________

3 Kreise in den unterstrichenen Sätzen Subjekt und Prädikat ein.

4 Bilde Sätze.

a) Ergänze ein Nomen im 3. Fall.

Hagelschadet ______________________

b) Ergänze ein Nomen im 4. Fall.

Der Wind treibt ______________________

5 Finde im Text Wörter mit offener und geschlossener Silbe.
Ordne sie richtig ein. Markiere mit Strich — oder • Punkt.

offene Silbe	geschlossene Silbe

6 Suche dir aus dem Text fünf verschiedene Verben und setze sie in die verschiedenen Zeitstufen. Achte auf die Personalform.

Grundform	Gegenwart	1. Vergangenheit	2. Vergangenheit
sehen	ich sehe	ich sah	ich habe gesehen
	du		
	er		
	wir		
	ihr		
	sie		

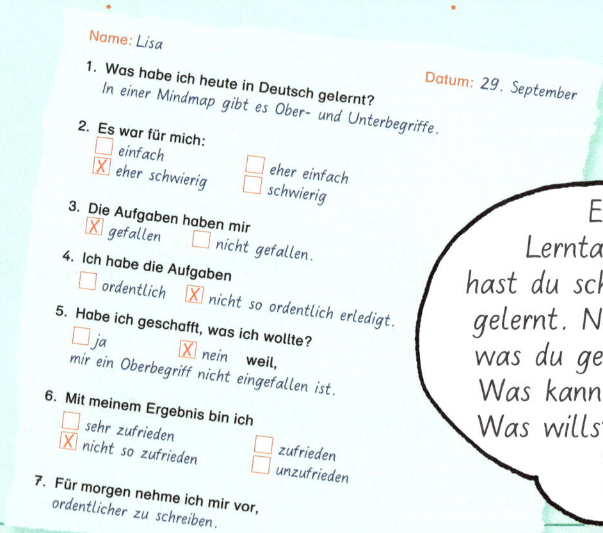
Name: *Lisa* Datum: *29. September*

1. Was habe ich heute in Deutsch gelernt?
In einer Mindmap gibt es Ober- und Unterbegriffe.
2. Es war für mich:
☐ *einfach* ☐ *eher einfach*
☒ *eher schwierig* ☐ *schwierig*
3. Die Aufgaben haben mir
☒ *gefallen* ☐ *nicht gefallen.*
4. Ich habe die Aufgaben
☐ *ordentlich* ☒ *nicht so ordentlich erledigt.*
5. Habe ich geschafft, was ich wollte?
☐ *ja* ☒ *nein* weil,
mir ein Oberbegriff nicht eingefallen ist.
6. Mit meinem Ergebnis bin ich
☐ *sehr zufrieden* ☐ *zufrieden*
☒ *nicht so zufrieden* ☐ *unzufrieden*
7. Für morgen nehme ich mir vor,
ordentlicher zu schreiben.

Wie konntest du die Aufgaben lösen?
Male unter jede Aufgabennummer ein passendes Gesicht:
☺ Leicht! 😐 Es geht! ☹ Ich muss dazu noch üben.

Verwandte Wörter

Wörterschule

- ___lter
- N___chte
- st___rker
- B___cker
- Verk___fer
- ___ste
- W___lder
- L___fer*
- H___ser*
- aufr___umen*
- Z___une*

1 **ICH** Suche zu diesen Wörtern den Verwandten in der Wörterschule. Male zusammengehörige Wörter gleich an.

kaufen	der Starkstrom	der Ast	der Lauf	backen
der Wald	das Alter	nachts	laufen	alt	der Kauf
stark	die Backstube	astrein	die Nacht	bewaldet

DU + ICH Füllt die Lücken in der Wörterschule.
Warum helfen euch die Wortverwandten dabei?
Sucht zu den restlichen Lernwörtern selbst Verwandte.

2 Entscheide, ob diese Wörter mit **e**, **ä**, **eu** oder **äu** geschrieben werden.
Im Suchsel findest du zu jedem Wort den passenden Verwandten.

die Kr___ter – ______________________

er gr___bt – ______________________

die ___pfel – ______________________

die H___cken – ______________________

die B___len – ______________________

sie f___llt – ______________________

j	m	Ä	f	a	l	l	e	n	J
A	p	f	e	l	a	t	T	A	U
K	r	a	u	t	C	B	B	g	j
k	a	l	t	s	e	e	o	r	H
R	N	g	e	c	r	u	r	a	e
q	N	r	ä	h	m	l	P	b	c
h	u	i	d	e	h	e	P	e	k
s	S	b	B	u	p	A	ä	n	e

3 a) **ICH** Schreibe vor die Wörter in Aufgabe 2, um welche Wortart es sich handelt.
MZ ddd ich Z Wie? Was stellst du fest?

b) **DU + ICH** Besprecht eure Ergebnisse.

c) **WIR** Gestaltet ein Lernplakat oder einen Eintrag im Lerntagebuch.

4 Zerlege die zusammengesetzten Nomen durch Striche in einzelne Wörter.
Schreibe dann einen Verwandten dazu, der dir hilft.

die R___berhöhle   die Fehlerh___figkeit   die Baumf___llarbeiten

Rechtschreib-Trick: An Regeln denken!

Streiche durch, was falsch ist.

Wenn ich nicht weiß, ob ich e oder ä, eu oder äu schreiben soll, helfen mir Silben / verwandte Wörter / lange, kurze Vokale.

Frankreich

5 In jeder Zeile hat ein Wort einen Buchstabendreher. Streiche es durch.

Läuse Läuse Läuse Läuse Läuse Läues Läuse Läuse Läuse Läuse Läuse Läuse

während während während während während während wähernd während

häufig häufig häufig häufig häufig häufig häufig huäfig häufig häufig häufig

Geräusch Geräusch Geräucsh Geräusch Geräusch Geräusch Geräusch Geräusch

älter älter älter älter älter älter älter älter älter älter älter älter älter älter ätler

6 Übertrage die Tabelle in dein Heft. Ordne die Sätze richtig ein.

Die Häuser baute man aus Stroh und Lehm.
Häufig werden die Häuser auf kräftigen Pfählen stehen.

Die Ärzte werden alle Krankheiten heilen können.
Schwere Krankheiten quälten die Menschen.

In den Städten werden sich die Leute auf Laufbändern fortbewegen.
1817 erfand Karl Drais die ersten Fahrräder.

Die armen Menschen schliefen auf Säcken voll Stroh.
Über eine Maschine mit Drähten wird man sich seine Träume aussuchen können.

Vergangenheit	Zukunft

7 Denke dir für jede Spalte in Aufgabe 6 selbst noch Sätze aus. Unterstreiche in allen Sätzen die Verben farbig.

8 a) ICH Verbinde richtig. Vollende die Sätze mit deinen eigenen Ideen.

Ich *wirst* ______.
Du *werdet* ______.
Er *werden* ______.
Wir *werde* ______.
Ihr *wird* ______.
Sie *werden* ______.

b) DU + ICH Beschreibt, wie die Zeitform Zukunft gebildet wird.

______

______

Doppelkonsonanten

Wörterschule

- ☐ schwim|men
- ☐ vergessen
- ☐ Pass
- ☐ müssen
- ☐ Stimme
- ☐ hell
- ☐ beginnen
- ☐ Nummer
- ☐ Stopp
- ☐ dumm

1 ICH ▸ Trage in die Kästchen der Wörterschule einen –, wenn der betonte Vokal lang gesprochen wird, einen •, wenn er kurz gesprochen wird. Markiere alle Doppelkonsonanten farbig. Was fällt dir auf?
DU + ICH ▸ Besprecht eure Ergebnisse. Formuliert eine Regel für euer Lerntagebuch.

2 Verbinde die Puzzleteile richtig, schreibe die Wörter auf und markiere die Doppelkonsonanten farbig.

3 Finde zu diesen Wörtern eine zweisilbige Form und schreibe sie in die Puzzleteile.
voll stopp dünn Nuss nett Fluss Stamm Schiff

4 Entscheide, wie die Wörter richtig geschrieben werden. Markiere die betonten Vokale mit – oder •, die Doppelkonsonanten farbig.

n oder nn? die He____e das Telefo____ ne____en der Tu____el

l oder ll? der Wa____d ho____en die Wo____e er wi____

t oder tt? die Bu____er bun____ das Skele____ fe____

s oder ss? verge____en die Va____e bla____ der Schlu____

f oder ff? die Wa____el der Kä____er a____ig das Scha____

Rechtschreib-Trick: An Regeln denken!

Ergänze.

Nach einem ________ Vokal kommen mindestens ________ Konsonanten.

Entweder zwei ____________ oder ____________.

Griechenland

5 a) Schreibe die Mitglieder einer Wortfamilie jeweils zusammen auf eine Karte.
b) Finde die fehlende Überschrift.
c) Erstelle eine eigene Karte.

messen | hoffentlich | die Hoffnung | er gewinnt | das Messer | die Gewinnerin | sie hofft | unverhofft | der Gewinn | die Gewinnsumme | messbar | der Messbecher

Mess/mess

____

____

____

____

Gewinn/gewinn

____

____

____

____

____

____

____

____

____

____

____

____

6 Satzdetektiv: In dem Buch „Linus Lindbergh und die Invasion der Roboter“ von Tobias Elsäßer muss Spezialagent Linus Lindbergh zusammen mit seiner Freundin und dem durchgeknallten Haushaltsroboter eine Roboter-Armee ausschalten. Nimm folgenden Satz aus dem Buch unter die Lupe.

Seine Leuchtdioden formten ein breites blinkendes Lächeln.

Satzart ______________________

Prädikat ______________________

Fremdwort ______________________

Subjekt ______________________

Zeitform ______________________

____

____

Wörterschule

- ☐ viel|leicht
- ☐ vom
- ☐ von
- ☐ voll
- ☐ vier*
- ☐ vorn*
- ☐ Klavier*
- ☐ violett*
- ☐ Advent*
- ☐ Vitamine*

Wörter mit V/v

1. Markiere V/v in der Wörterschule rot. Nummeriere mit
1 = fällt mir leicht 2 = das Wort ist etwas schwer
3 = muss ich besonders üben

2. Setze die Lernwörter passend ein.

3. Wortforscher: Was kannst du in dem Wort Klavier entdecken?

Silben: ____ Buchstaben: ____

erster Vokal: ☐ lang ☐ kurz erste Silbe: ☐ geschlossen ☐ offen

Aufpassstellen: ____________________

Wortart: ____________ Oberbegriff: ____________

4. Setze die passenden V/v-Wörter ein.

Meine kleine Schwester wird ________ Jahre alt. Sie wünscht sich ________ meinen Eltern ein ________ zum Geburtstag. ________ bekommt sie es ja. Das wäre ________ cool. Wenn es dann auch noch ________ ist, braucht sie bestimmt erst einmal ________, um sich ________ Schock zu erholen.

5. Schreibe weitere V/v-Wörter auf. Kreise dein Lieblingswort farbig ein.

Rechtschreib-Trick:
Üben und merken!

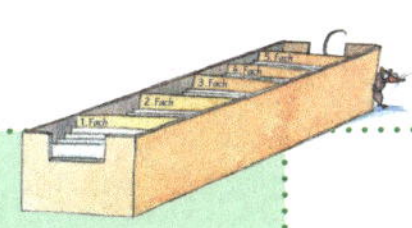

Ergänze.

Ich ____________ die Wörter,

um sie mir gut zu ____________.

Ich spreche dazu: Vater mit ____________.

Groß-
britannien

6 Finde die Fehler (10).

7 Baue aus diesen Satzgliedern viele verschiedene Sätze. Schreibe sie auf.

8 a) ICH Überprüfe die Satzzeichen deiner Sätze mit Klangbögen:
für einen Aussagesatz, für einen Fragesatz

b) DU + ICH Stellt euch gegenseitig eure Sätze vor.

c) WIR Sammelt alle gefundenen Sätze. Wie viele verschiedene gibt es?

9 a) Stelle die Sätze mündlich um. Kreise dann die Satzglieder ein.

b) Markiere Subjekt und Prädikat mit unterschiedlichen Farben.

Vater backt mit den Kindern Avocado-Plätzchen.

Viele Menschen gehen an Weihnachten in die Kirche.

In der Schule lernen wir heute ein Adventsgedicht.

Von anderen Ländern kennen wir verschiedene Weihnachtsbräuche.

Bunte Socken zum Befüllen hängen die Leute in England und Amerika an ihre Kamine.

Wörter mit ck

Wörterschule

- [ ] zurück
- [ ] Schreck
- [ ] trocken *
- [ ] schmecken *
- [ ] Sack *
- [ ] Stück *
- [ ] schicken *
- [ ] Wecker *
- [ ] zackig *
- [ ] packen *

1 ICH Markiere in der Wörterschule alle ck farbig. Trage in die Kästchen einen – ein, wenn der betonte Vokal lang gesprochen wird, einen •, wenn er kurz gesprochen wird.
DU + ICH Besprecht euer Ergebnis. Was fällt euch auf? Notiert eine Regel in eurem Lerntagebuch.

2 Schreibe die Nomen aus der Wörterschule mit Artikel in Einzahl und Mehrzahl auf. MZ ddd.
Markiere ck farbig.

Einzahl ______ ______ ______ ______

Mehrzahl ______ ______ ______ ______

3 In jeder Zeile gehört ein Wort nicht zur Wortfamilie. Streiche es durch.
Kreise bei den anderen Wörtern jeweils den Wortstamm ein.
Wie heißen die Wortfamilien?

[ ] einsacken – der Kartoffelsack – der Snack – die Säcke – der Sackwagen

[ ] zackig – die Zacke – gezackt – das Zackenmuster – verzagt

4 a) Schreibe mit diesen Wörtern Sätze.
Stück Schreck Gockel packen trocken schicken Dackel
b) Schreibe eine Geschichte mit vielen ck-Wörtern.

5 Setze k oder ck ein.

der Ha___en der Fle___ das Fer___el zu___en die Flo___e pi___en

entde___en ni___en die E___e das Pa___et der Tro___ner die Pau___e

Rechtschreib-Trick: An Regeln denken!

Kreuze an (2).

- [ ] **Nach einem langen Vokal schreibe ich den k-Laut meistens als ck.**
- [ ] **Nach einem kurzen Vokal schreibe ich den k-Laut meistens als ck.**
- [ ] **Ist ein ck im Wortstamm, schreibe ich die Verwandten meistens auch mit ck.**
- [ ] **Ist ein ck im Wortstamm, schreibe ich die Verwandten meistens nicht mit ck.**

Irland

SB Wir feiern Weihnachten • Seite 53

6 Setze den Wortstamm **pack** mit passenden Wortbausteinen zusammen.

7 Ersatzprobe: Ersetze die farbigen Satzglieder durch andere passende.
Kreise in deinen Sätzen alle Satzglieder ein.

An den Packstationen ist zu dieser Jahreszeit viel los.

Ich wünsche mir eine Kuscheldecke zu Weihnachten.

Am Weihnachtsabend isst die ganze Familie zusammen Backwerk.

In der Ecke stehen Josef und Maria.

Kilian und Leonie schenken Oma neue Stricknadeln.

8 DU + ICH Erweiterungsprobe:
Erweitert diesen Satz in jeder Zeile um ein weiteres Satzglied.

Der Stern leuchtet.

9 a) Weglassprobe: Streiche so viele Satzglieder weg, bis der kürzeste mögliche Satz übrig bleibt.

b) Wie heißen die Satzglieder, die übrig sind? ______

Die Kinder basteln in der 3. Stunde im Handarbeitsraum mit Frau Scherig Strohsterne für die Weihnachtsdekoration.

Vorsilben und Wortbausteine

(1) Welche Wörter passen zum linken Bild und welche zum rechten?
Schreibe die Wörter in die richtige Spalte und kreise die Vorsilben ein.

einladen, hineinstellen, einräumen, hinbringen, ausräumen, wegbringen, herausstellen, beladen, entladen, ausladen

linkes Bild	rechtes Bild

(2) Beschreibe mit Wörtern aus Aufgabe 1 die beiden Bilder oben.
Schreibe deinen Text auf.

(3) DU + ICH Hintragen und wegtragen. Erklärt die Bedeutung der beiden Verben.
Könnt ihr die Vorsilben beliebig austauschen? Besprecht.

(4) Welche anderen Vorsilben kennst du noch?
Schreibe sie auf.

(5) Finde zu den folgenden Verben möglichst viele Vorsilben.
Schreibe die neuen Wörter auf. Schreibe Sätze mit den neu gefundenen Wörtern.

gehen   werfen   sehen

Rechtschreib-Trick: An Regeln denken!

Ergänze.

Vorsilben verändern oft die ______ von Verben.

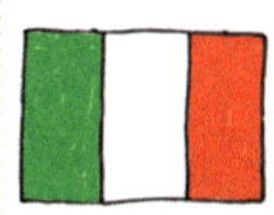
Italien

6 Manche Verben kannst du in der Grundform mit **be-, er-, ent-, ge-, un-, ver-, zer-** verbinden. Male nur diese Felder aus.

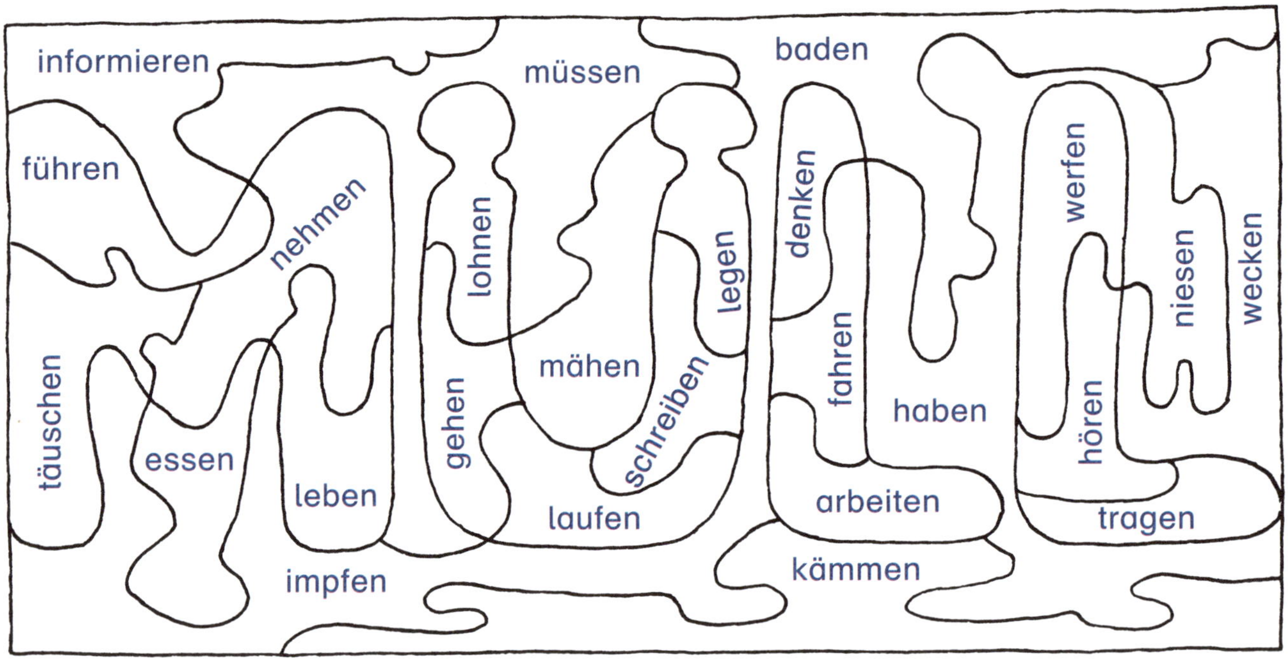

7 a) Ändere die Bedeutung dieser Verben durch Vorsilben.

verhören –	zuhören	anbieten –	
entgehen –		umfallen –	
wegsehen –		vorwerfen –	
aufsammeln –		anlachen –	
erbrechen –		aufgeben –	

b) Bilde mit mindestens fünf Wortpaaren Sätze.

8 Setze die Vorsilben richtig ein.

Um-, ver-, mit-, ein-, bei-, ent-, ent-, Ein-, be-, ver-

Auch du kannst zum ________ weltschutz ________ tragen. Es ist besser Müll zu ________ meiden als zu ________ sorgen. Für die Pause kannst du Brotzeitboxen und Trinkflaschen ________ nehmen. Hefte und Bücher kannst du mit Umweltschutzpapier ________ binden. Beim ________ kaufen kannst du auf eine Plastiktüte ________ zichten und eine Tasche aus Stoff ________ nutzen. Am besten ist es, wenn gar keine Abfälle ________ stehen!

Silbentrennendes h

Wörterschule

- blühen
- drehen
- gehen
- Kuh
- Schuh
- stehen
- sehen
- Zehen

1. Bibu sammelt nur Wörter mit einer bestimmten Silbe am Wortende. Schreibe die passenden Lernwörter in die Kärtchen.

2. Sprich die Wörter aus der Wörterschule deutlich. Kreise h farbig ein. In welchen Wörtern kannst du das h nicht hören?

3. Aufgabe 2c — DU + ICH Wie könnt ihr das h hörbar machen? Notiert in eurem Lerntagebuch.

4. Ordne jedem Lernwort zwei verwandte Wörter zu.

gestehen, vergehen, ~~verblüht~~, die Drehscheibe, die Milchkühe, das Aussehen, die Turnschuhe, der Zehennagel, ~~blühend~~, die Knoblauchzehe, das Versehen, stehend, das Schuhband, die Kuhhaut, drehbar, der Gehweg

blühen – verblüht, blühend

Rechtschreib-Trick: An Regeln denken!

Streiche durch, was falsch ist.

Das silbentrennende h kann ich hören, wenn ich Wörter verlängere / verkürze / aufschreibe.

Kroatien

SB Weniger Müll • Seite 61

5 In diesen Wörtern hörst du das **h** nicht.

es blüht, du wählst, er lehrt, sie droht, er bohrt, sie glüht, ihr wohnt, er kräht, ich nehme, du dehnst, es weht, du flehst

Schreibe die Grundform dieser Verben in Silben in die Tabelle. Markiere das **h** gelb.

Dehnungs-**h**	silbentrennendes **h**
	blü-hen

6 Einige Prädikate (5) in den folgenden Sätzen werden mit einem nicht hörbaren **h** geschrieben. Ergänze die Grundform dieser Wörter in der Tabelle in Aufgabe 5. Markiere das **h** gelb.

Der Platzwart sieht Müll auf dem Fußballfeld.
Er holt einen Müllsack. Dann geht er auf das Spielfeld.
Dort sammelt er den Müll ein.
Bei den Tribünen steht eine Mülltonne.
Er wirft den Müllsack hinein.
Danach zieht er die Tonne in den Schuppen.
Am Abend mäht er den Rasen.

Unterstreiche Subjekt und Prädikat farbig. Manche Prädikate sind zweiteilig.

7 ICH Schreibe den Text in der 2. Vergangenheit auf. Unterstreiche das Prädikat in jedem Satz.

8 DU + ICH Wie hat sich das Prädikat verändert?

Ein Müllgedicht

Plastik, Dosen, Tetrapak
sortiere ich in einen Sack.
Verpackungen, die ich mit kauf
kommen so in den Recyclingkreislauf.
Wird der Müll zu Hause gut sortiert
wird bald aus Altem Neues produziert.
Noch besser ist es gleich beim Kaufen
zu verzichten auf Verpackungshaufen.
Vom Laden kommt so alles frisch
– Obst, Brot und Wurst – auf unsren Tisch.
Findet der Einkaufskorb Verwendung,
kaufe ich ein ohne Verschwendung.
Das alles wird sich lohnen,
um unsere Umwelt zu schonen.

Sandra Duscher nach Dieter Dammann

1 a) Umstellprobe: Bilde neue Sätze. Kreise die Satzglieder ein.

Plastik, Dosen, Tetrapak sortiere ich in einen Sack.

b) Klangprobe: Zeichne passende Klangbögen neben deine Sätze. Überprüfe damit die Satzzeichen.

c) Erweiterungsprobe: Verlängere den Satz um weitere Satzglieder.

2 Kreise Subjekt und Prädikat mit verschiedenen Farben ein.

Vom Laden kommt so alles frisch auf unsren Tisch.

3 Bilde mit Subjekt und Prädikat aus Aufgabe 2 einen neuen Satz.

③ Das kann ich schon

4 Ergänze: Das Wort **Verpackung** schreibe ich mit **ck**, weil

____

Es gehört zur Wortfamilie ______________________________.

5 Bilde mit diesen Vorsilben neue Verben [ich] [Z] zur Wortfamilie aus Aufgabe 4.

ein | be | ver | ent | zu | ge | um | aus

____

____

6 Gute Vorsätze zur Müllvermeidung und -trennung.
Formuliere mit den Stichpunkten Sätze in der Zeitform Zukunft.

ich – kaufen – Mehrwegflaschen | du – nehmen – Einkaufskorb

wir – wegbringen – Glasflaschen

____

____

____

7 Berichtige die Wörter, die falsch geschrieben sind.
Nenne den Trick, der dir dabei geholfen hat.

komen ➡ ______________ TRICK ______________

die Einkeufe ➡ ______________ TRICK ______________

besser ➡ ______________ TRICK ______________

verschwendung ➡ ______________ TRICK ______________

8 Ergänze bei den wörtlichen Reden die Satzzeichen.

Lena erzählt Jedes Wochenende bringen
wir die Glasflaschen zum Container
Die Zwillinge antworten Und wir haben
einen Komposthaufen angelegt

Wie konntest du die Aufgaben lösen?
Male unter jede Aufgabennummer ein passendes Gesicht:
☺ Leicht! 😐 Es geht! ☹ Ich muss dazu noch üben.

Die wörtliche Rede

1. Hier fehlen Satzzeichen. Ergänze sie.

   Die Kinder dekorieren
   das Klassenzimmer.
   Jonas fragt Womit soll
   ich die Girlande befestigen?
   Victor antwortet Ich hole
   ein Klebeband.
   Lisa ruft Pass auf,
   dass du nicht von der Leiter fällst!

2. Kreise jeweils den Begleitsatz ein.
   Markiere den Doppelpunkt gelb.
   Wo steht der Begleitsatz?

   ☐ vor der Rede ☐ nach der Rede

3. Kreise auch in diesen Sätzen den Redebegleitsatz ein.

   „Kannst du die Leiter sichern?“, fragt Jonas.

   „Ich halte sie mit beiden Händen fest“, sagt Lisa.

   „Toll, wie unser Klassenzimmer aussieht!“, ruft Victor.

   Wo steht der Begleitsatz jetzt? ☐ vor der Rede ☐ nach der Rede

   Welches Satzzeichen trennt hier die Rede und den Begleitsatz? Markiere es gelb.

4. ICH Bei einer wörtlichen Rede steht am Schluss kein Satzzeichen.
   Welche Satzart ist das? Kreise ein:
   Fragesatz Aufforderungssatz Aussagesatz

   DU + ICH Welche Regel könnt ihr davon ableiten?

Rechtschreib-Trick:
An Regeln denken!

Verbinde richtig und ergänze.

„Alles klar?“,	**sagt Bibu.**
„Ich weiß Bescheid“,	**ruft Bibu.**
„Super!“,	**fragt Bibu.**

Der Begleitsatz kann _______________ oder _______________ der Rede stehen.

Nieder-
lande

5 An acht Stellen haben sich Fehler eingeschlichen. Kreise ein.

6 Schreibe die Sätze mit nachgestellten Redebegleitsätzen auf.

Lisa ruft: „Die Tombola ist eröffnet!“

___

Victor fragt: „Soll ich die Lose verteilen?“

___

Jonas antwortet: „Das habe ich bereits gemacht.“

___

7 Welche Satzzeichen fehlen? Setze sie ein.

„“ (6)   , (5)   : (1)   ! (2)   ? (2)   . (1)

___Stellt euch alle zur Polonäse auf___ruft Jonas. ___Wo ist denn Victor___erkundigt sich Lisa.___Ich habe ihn auch noch nicht entdeckt___entgegnet Jonas. ___Huhu, hier bin ich___brummt es laut aus der Ecke. Jonas meint___Er hat sich als Bibu verkleidet___ ___Ob unsere Lehrerin auch kostümiert ist___fragt Lisa.

8 Schreibe eine Geschichte zu den Bildern. Verwende die wörtliche Rede.

- [ ] Beispiel
- [ ] Tier
- [ ] niemals
- [ ] schieben
- [ ] Brief
- [ ] Spiegel*
- [ ] schief*
- [ ] spazieren*

Wörter mit ie

1 ICH Ordne die Lernwörter.
DU + ICH Wie hat dein Partnerkind geordnet?
Vergleicht und erklärt.

2 Lernwörter-Silbenrätsel:
Setze die Wörter (5) zusammen und schreibe sie auf.
Kreise ie gelb ein.

Bei	gel	le	ren	mals	ben	spie	spa	zie	nie	Spie	schie

Bei-spie-le,

Schreibe die drei fehlenden Wörter aus der Wörterschule in Silben auf.
Dazu musst du sie verlängern.

3 ICH In jedem Wort aus Aufgabe 2 hörst du ie.
Wie sprichst du ie? Kreuze an: ☐ kurz ☐ lang
DU + ICH Untersucht die Silbe, in der ie steht.
Entscheidet und kreuzt an: Die Silbe ist ☐ offen ☐ geschlossen.
WIR Findet weitere Wörter mit ie. Schreibt sie auf wie in Aufgabe 2.
Die Wörterliste ab Seite 75 hilft euch.

LERNTAGEBUCH

4 Reime und markiere ie:

schieben	Spiel
l	v
s	Z
verl	K

5 Die Wortfamilien (3) sind durcheinandergeraten. Schreibe geordnet ins Heft.

tierisch, das Spiegelei, der Briefkasten, der Tierpark, die Brieffreundin, der Liebesbrief, spiegeln, tierlieb, verspiegelt, das Spiegelbild, brieflich, das Nagetier

Rechtschreib-Trick: An Regeln denken!

Streiche durch, was falsch ist.

Am Ende einer offenen / geschlossenen Silbe schreibe ich den i-Laut meistens als ie.

Norwegen

SB Fasching • Seite 73

6 Ein Faschingsgedicht. Ergänze die fehlenden Buchstaben.

Als ich neulich ganz t___f schl___f,
sah ich mich im Traum im Sp___gel.
Meine Nase war sehr sch___f
und der Kopf war eine Zw___bel.

Ich wollte nach Austral___n fl___gen,
h___lt in der Hand 'nen Besenst___l.
Doch ich bl___b im Bette l___gen,
viel zu schw___rig war mein Z___l.

7 In dem Gedicht findest du Adjektive (3). Schreibe sie in ihren drei Formen auf.

8 Verbinde Nomen und Adjektiv. Bilde die drei Formen des Adjektivs.

Tier – klein, Spiegel – groß, Brief – schwer, Beispiel – gut, Spiel – lustig
Schreibe so: das kleine Tier, das kleinere ..., das ...

9 Aufgabe 2a/b In einigen Sätzen (5) sind die Satzglieder durcheinandergepurzelt. Schreibe eine sinnvolle Geschichte. Kreise **ie** ein.

CLOWN LEO

EINEN CLOWN / LEO / SPIELT.
SPAZIEREN / DER CLOWN / GEHT / UND / EIN LUSTIGES LIED / SINGT.
ER RUFT: „DAS IST EIN SCHWIERIGES LIED!"
ER / NUN / EINE KLEINE BLUME / ZIEHT / AUS DER TASCHE.
ER / AN SEINER BLUME / RIECHT.
IHR STIEL / DA / LÄNGER / WIRD / UND LÄNGER.
LEO MEINT: „NIEMALS WIEDER RIECHE ICH AN EINER BLUME."

10 In zwei Sätzen aus Aufgabe 9 stehen die Satzglieder in der richtigen Reihenfolge. Unterstreiche sie. Was sind das für Sätze? Kreise ein (4):

wörtliche Reden Aufforderungssätze Aussagesätze
Redebegleitsätze Ausrufe Fragesätze

11 Schreibe die Redesätze aus Aufgabe 9 so auf, dass der Begleitsatz nachgestellt ist. Achte auf die Satzzeichen.

Wortbausteine -ig, -lich, -isch

Wörterschule

- [ ] plötz|lich
- [ ] Hand
- [ ] wenig
- [ ] Stadt
- [ ] Käfig
- [ ] Nacht
- [ ] Saft
- [ ] Schule*
- [ ] Zukunft*
- [ ] Sturm*

1 Wortbausteine können vor oder nach einem Wortstamm stehen. Welche Wortbausteine kennst du?
Wortbausteine oder Vorsilben vor einem Wortstamm:

____

Wortbausteine oder Nachsilben nach einem Wortstamm:

____

2 ICH In der Wörterschule findest du acht Nomen.
Welche kannst du mit den Wortbausteinen -ig (2), -lich (2) oder -isch (3) verbinden? Bilde Wörter. Wenn du nicht sicher bist, schau in einem Wörterbuch nach.

die Hand – handlich,

____

____

____

3 a) DU + ICH Was fällt euch in Aufgabe 2 auf? Warum bleibt ein Nomen übrig?
b) Findet weitere Nomen, die ihr mit den Wortbausteinen -ig, -lich, -isch verbinden könnt. Schreibt sie auf wie in Aufgabe 2. Notiert, welche Wortart entsteht.

4 WIR Besprecht eure Ergebnisse. Vergleicht eure Wörter.

5 Welche Wörter aus der Wörterschule können nicht von einem Nomen abgeleitet werden? Findest du weitere solcher Wörter? Schreibe auf. Ein Wörterbuch kann dir helfen.

6 Schreibe deinem besten Freund oder deiner besten Freundin einen Brief, in dem du beschreibst, was du an ihm oder ihr besonders magst. Setze Adjektive mit -ig, -lich, -isch passend ein.

Rechtschreib-Trick: An Regeln denken!

LERNTAGEBUCH

Ergänze.

Mit den Wortbausteinen ________ **,** ________

oder ________ **werden aus Nomen Adjektive gebildet.**

Wir schreiben sie ________________ **.**

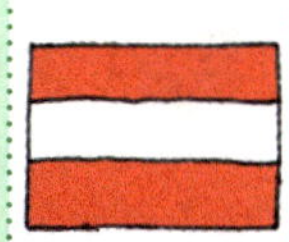

Österreich

7 Wie sind die Menschen? Ergänze die Sätze mit Adjektiven, die zu den bildhaften Ausdrücken passen.

Ein **Angsthase** ist oft ______________________ .

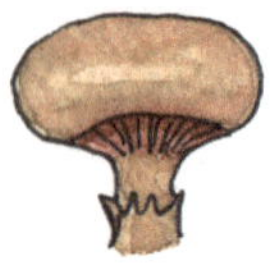

Ein **Glückspilz** ist ein Mensch,

der oft Glück hat und deswegen ______________________ ist.

Eine **Nervensäge** ist ein Mensch, der anderen auf die Nerven geht.

Man sagt auch, der Mensch ist ______________________ .

Ein **Unschuldslamm** ist nie an etwas schuld,

es ist immer ______________________ .

Ein **Dreckspatz** achtet nicht auf Sauberkeit und

ist deswegen ______________________ .

8 Hier findest du weitere bildhafte Ausdrücke.

a) ICH Von welchen Nomen sind sie abgeleitet?

kratzbürstig → die ______________________

schlitzohrig → ______________________

haarspalterisch → ______________________

b) DU + ICH Was bedeuten die bildhaften Ausdrücke?

9 Hier stimmt etwas nicht. Setze die passenden Adjektive mit **-ig**, **-lich**, **-isch** ein.

Es ist ein Sturm Abend. Der Wind peitscht die Äste.
Da ertönt im Haus ein Schrecken Geschrei. Aber es ist nichts passiert.
Die Kinder machen eine froh Kissenschlacht. Mit einem Kraft Wurf fliegt
Mias Kissen gegen die Lampe. Das ist Gefahr, denn mit Strom
muss man Vorsicht sein. Hoffen ist die Lampe nicht kaputt.
Angst sehen Elias und seine Schwester nach. Sie sind Glück,
denn die Lampe ist unversehrt. Hunger gehen sie
zum Abendessen in die Küche.

Für Rechtschreibexperten

1 Die Lehrerin hat Emmas Text korrigiert. Lies Emmas Geschichte.

Gestern Nachmittag besuchte ich meinen Freund Paul.
Seine Mutter war im Eingaufszentrum beim Arbeiten.
Zuerst spilten wir mit Pauls nagelneuem Fußball.
Danach waren wir hungrieger als zwei Wölfe.
Wir fanden in der Küche Tomaten und im Külschrank Mozzarella.
„Hilfst du mir?“, fragte Paul. Gemeinsam bereiteten wir einen Salat zu.
„Das war der köstligste Salat, den ich je gegessen habe“, meinte Paul.
„O, schon so spät! Bevor Mama komt, muss die Küche blitzsauber sein.“

2 Emma möchte ihre Fehler berichtigen. Wie schlägt sie im Wörterbuch nach?

a) zusammengesetzte Nomen

Fehlerwort	ich suche	also berichtige ich
Eingaufszentrum	einkaufen, Zentrum	
Külschrank		

b) Verben in der Personalform

Fehlerwort	ich suche	also berichtige ich
wir spilten		
sie komt		

c) Adjektive in einer Vergleichsstufe

Fehlerwort	ich suche	also berichtige ich
hungrieger		
köstligste		

Rechtschreib-Trick:
An Regeln denken!

So schlage ich im Wörterbuch nach. Ergänze.

Zusammengesetzte Wörter schlage ich ____________________ nach.

Bei Verben und Adjektiven muss ich nach ihrer ____________________ suchen.

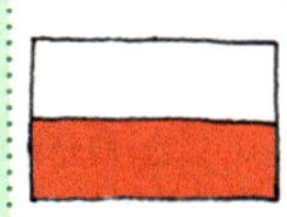
Polen

3 Vergleiche die Bilder. Finde die 8 Fehler. Kreise sie ein.

4 Schreibe jeweils einen passenden Satz aus Aufgabe 1 auf.
Markiere die Satzzeichen.

Aussagesatz: ______________________________

____

Fragesatz: ______________________________

Ausrufesatz: ______________________________

5 So geht die Geschichte mit Emma und Paul weiter.
Ergänze die fehlenden Wortbausteine.

Kurz darauf kam Pauls Mutter von der Arbeit nach Hause und sie war müde und hungr______ und durst______. Freund______ kam ihr Emma entgegen und reichte ihr eine Portion Salat und Zitronenlimonade und Mutter schaute vorsicht______ in die Küche und sah, dass die Kinder ordent______ aufgeräumt hatten. Glück______ setzte sie sich in ihren Sessel und ließ sich von den Kindern erzählen, was sie gemacht hatten, und brachte ihnen später eine saft______e Nachspeise aus dem Kühlschrank. Fröh______ ging Emma am Abend nach Hause und freute sich schon auf den nächsten Besuch bei Paul.

6 Die Sätze in Aufgabe 5 sind zu lang. Verkürze sie.
Manchmal musst du ein Wort einfügen oder weglassen.

7 Schreibe eine Geschichte über einen Nachmittag mit deinem Freund oder deiner Freundin. Achte darauf, dass deine Sätze nicht zu lang werden.
Verwende geeignete Satzanfänge und Adjektive.

Wörter mit ß

1 Ordne die Lernwörter.

2 ICH Markiere den Laut vor ß mit Strich oder Punkt.
Was fällt dir auf?
DU + ICH Vergleicht eure Ergebnisse.

3 ICH Schreibe die Lernwörter in das Zirkuszelt.
Ergänze weitere passende Wörter.
Sprich dazu. Beispiel: aßen mit ß.
DU + ICH Vergleicht eure Wörter.

Wörterschule

- [ ] heißen
- [ ] aßen
- [ ] vergaßen
- [ ] außer
- [ ] saßen
- [ ] hießen
- [ ] Spaß *
- [ ] weiß *
- [ ] schießen *

4 Schreibe die Wörter nach Wortfamilien (4) geordnet auf.
Kreise jeweils den Wortstamm ein.

Deckweiß Stoß spaßig stoßfest weißeln Äußerung Anstoß Spaßvogel Weißdorn außen spaßeshalber Außenspiegel spaßen weiß äußerst verstoßen

5 Bei folgenden Wörtern fehlen die s-Laute. Markiere die Vokale vor den s-Lauten mit Strich oder Punkt. Setze dann ss oder ß ein.

er lä__t gie__en mü__en er a__ schie__en genie__en Bi__ na__

bla__ hei__ verla__en gro__ Stra__e au__er Ku__ Ma__e

Rechtschreib-Trick:
Üben und merken!

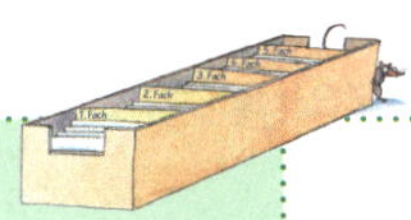

Kreuze an (2).

- [ ] **Wörter mit ß muss ich nicht üben.**
- [ ] **Wörter mit ß muss ich gut üben und mir merken.**
- [ ] **Vor ß steht immer ein langer Laut.**
- [ ] **Vor ß steht immer ein kurzer Laut.**

Portugal

6 Unterstreiche zuerst die Prädikate. Frage dann nach den unterstrichenen Satzergänzungen.

Um die einzelnen Satzglieder zu bestimmen, gehst du am besten vom Kern des Satzes, dem Prädikat, aus. Das Prädikat ist immer ein Verb. Manchmal besteht das Prädikat aus zwei Teilen.

Die Kinder der Klasse 4b haben eine Zirkusvorstellung vorbereitet.

Wen oder was

Sie begrüßen die Eltern.

Dann stellen sie ihnen das Programm vor.

Zu Beginn zeigt Eva Kunststücke mit einem großen Reifen.

Manche Kinder tragen ein weißes Kostüm.

Die Eltern verfolgen die Vorführung aufmerksam.

Das Zuschauen macht allen Spaß.

Zum Schluss dankt der Zirkusdirektor dem Publikum.

7 Schreibe den Text auf. Stelle dabei die Satzglieder um.

Antonio, ein Zirkuskind, erzählt:
Meine Großeltern gründeten den Zirkus Barolli. Mir gefällt das Zirkusleben.
Es macht großen Spaß. Man lernt viele „schräge Vögel“ kennen.
Im heißen Sommer reisen wir durch verschiedene Städte.
Im Winter üben wir unser neues Programm.
Mein Bruder verzaubert weiße Hasen.
Ich zeige mit meinem Vater Kunststücke auf dem Hochseil.

8 Unterstreiche Subjekt, Prädikat und Satzergänzung im 3. und 4. Fall mit verschiedenen Farben.

9 DU + ICH Antonio spricht von „schrägen Vögeln“. Was ist damit wohl gemeint?

Wörter mit tz

Wörterschule

- [ ] nüt|zen*
- [ ] besitzen*
- [ ] Blitz*
- [ ] Pfütze
- [ ] Pizza
- [ ] spitz*
- [ ] Witz*
- [ ] setzen

1 Ordne die Lernwörter. Markiere tz oder zz jeweils gelb.

2 Klatsche und sprich die Lernwörter in Silben. Schreibe alle Wörter getrennt auf. Drei Wörter musst du verlängern.

nüt-zen,

3 Markiere den Laut vor tz und zz mit Strich oder Punkt. Erkläre, wann du tz oder zz schreibst. Schreibe eine Regel in dein Lerntagebuch.

LERN TAGEBUCH

4 tz oder z? Schreibe die Wörter in einer Tabelle geordnet auf.

Hol _ Schmer _ Hi _ e si _ en Pan _ er Her _ spri _ en

Ka _ e Ne _ Wan _ e he _ en je _ t schwar _ verpe _ en

Verle _ ung schmu _ ig tan _ en Sa _ Mü _ e Kran _

5 Wortwechsler: Finde neue sinnvolle Wörter, indem du in jeder Zeile einen Buchstaben austauschst.

S	a	t	z
S		t	z
W	i	t	z

g	l	o	t	z	e	n
G	l		t	z	e	n
			t	z		

r	i	t	z	e	n
w	e	t	z	e	n

Rechtschreib-Trick: An Regeln denken!

Ergänze.

Den Vokal oder Umlaut vor tz spreche ich ______________________: setzen.

Rumänien

6 Entdecke rechts Fehler (8). Kreise sie ein.

7 ICH In dem Buch „Doktor Dolittles Zirkus“ tritt Doktor Dolittle mit seinem sprechenden Pferd Beppo in einem Zirkus auf.
Das Publikum stellt Beppo Aufgaben. Nimm folgenden Satz unter die Lupe.

Sofort schrie ein Junge in der vordersten Reihe:
„Er soll mir meine Mütze abnehmen.“

DU + ICH Besprich deine Ergebnisse mit einem Partnerkind.

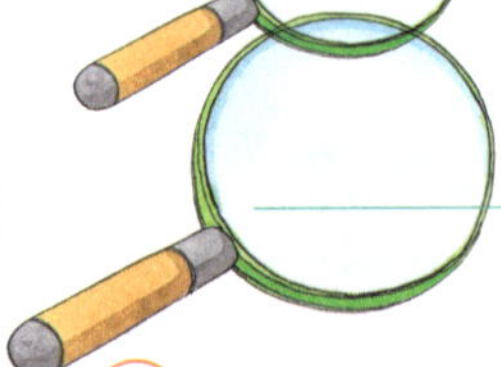

8 Wähle einen Satz aus einem Buch oder einer Zeitschrift aus.
Untersuche ihn ebenso.

Nüsse und Melonen

An einem heißen Spätsommertag lag Nasreddin unter einem Walnussbaum. Er genoss den kühlen Schatten. Da kam er ins Grübeln.
„Dort drüben ist ein Feld voller reifer Wassermelonen. Eine Melone größer und saftiger als die andere", sagte er zu sich. „Ist es nicht merkwürdig, dass Gott so große Früchte an einer so kleinen Pflanze auf dem Acker wachsen lässt und so kleine Walnüsse an einem riesengroßen Baum?"
In diesem Moment fiel eine Walnuss vom Baum und traf Nasreddin auf dem Kopf. Er rieb sich den Schädel. Dann schaute er nach oben. Er dankte Gott: „Du hast es schon richtig gemacht." Und er fügte hinzu: „Wie gut, dass auf diesem Baum keine Wassermelonen wachsen."

aus: Paul Maar, Das fliegende Kamel (leicht verändert)

1 Schreibe die unterstrichenen Sätze in der Gegenwart auf.

2 Suche im Text vier Adjektive und notiere sie in den drei verschiedenen Formen.

klein, kleiner, am kleinsten

3 In einem Satz stehen die Adjektive in der ersten Vergleichsstufe. Kreise sie ein.

4 Stelle folgenden Satz so um, dass der Begleitsatz hinter der wörtlichen Rede steht.

Und er fügte hinzu: „Wie gut, dass auf diesem Baum keine Wassermelonen wachsen."

SB 3. Das kann ich schon • Seite 92

④ Das kann ich schon

5 Ersetze folgende Wörter aus dem Text durch passende Ausdrücke.

… kam … ins Grübeln. ______________________

Ist es nicht merkwürdig, … ______________________

… fiel eine Walnuss … ______________________

… schaute er nach oben. ______________________

6 Kreise die einzelnen Satzglieder ein und benenne sie.

Er genoss den kühlen Schatten.

____

Er dankte Gott.

____

7 Streiche fehlerhafte Wörter (6) durch und schreibe sie verbessert auf.

Nasreddin Hodscha isst der Held Vieler wietziger Narrengeschichten aus dem Orient. über seine Geschichten mus man sowohl lachen als auch Nachdenken.

____

____

8 Ergänze: Das Wort witzig schreibe ich mit **tz**, weil

____

9 Ergänze **z**, **zz** oder **tz**. Finde jeweils einen Wortverwandten.

ski____ieren hei____en schnäu____en schü____en pu____eln pla____en

10 In jeder Reihe passt ein Wort nicht dazu. Streiche es durch.

Kreuzzeichen Glanzzeit Pizza Kurzzug Netzzugang

zeitig billig windig durstig fleißig

lachen schmunzeln lachhaft grinsen kichern

Wie konntest du die Aufgaben lösen?
Male unter jede Aufgabennummer ein passendes Gesicht:
☺ Leicht! 😐 Es geht! ☹ Ich muss dazu noch üben.

Wortbausteine -ung, -nis, -heit, -keit

Wörterschule

- steigen
- vorkommen
- genau
- sitzen
- frei*
- ehrlich*
- klug*
- erleben*
- fröhlich*
- dunkel*
- kennen*
- ernähren*

1 DU + ICH Ordne die Lernwörter. Wie hat dein Partnerkind geordnet? Vergleicht und erklärt.

2 Bilde aus den Lernwörtern Nomen. Verwende die Wortbausteine **-ung** (3), **-nis** (3), **-heit** (3), **-keit** (3).

-ung: steigen – die Steigung, ______

______

-nis: ______

______

-heit: ______

______

-keit: ______

______

3 DU + ICH Aus welcher Wortart werden Nomen mit den Wortbausteinen **-ung** und **-nis** gebildet?
Aus welcher Wortart werden Nomen mit **-heit** und **-keit** gebildet?
Formuliert eine Regel und notiert sie in eurem Lerntagebuch.

LERNTAGEBUCH

4 Bilde aus den folgenden Wörtern Nomen. Überprüfe, ob die Regel aus Aufgabe 3 auch hier gilt. Kreise dazu Verben und Adjektive mit verschiedenen Farben ein.

dumm, vollständig, erlauben, häufig, hoffen, hindern, wandern, sicher

5 Achtung Mehrzahl: das Zeugnis, die Zeugnisse
Was stellst du fest? Gilt das für alle Nomen mit dem Wortbaustein **-nis**?
Bilde zu jedem Nomen mit **-nis** auf dieser Seite (5) Einzahl und Mehrzahl.

Rechtschreib-Trick: An Regeln denken!

Ergänze: Nomen, Verben, Adjektive(n)

Aus ______ und ______ kann ich mit den Wortbausteinen -ung, -nis, -heit, -keit ______ bilden.

Mit -heit und -keit verbinde ich ______, mit -nis und -ung verbinde ich ______.

Schweden

SB Hilf mit beim Naturschutz • Seite 102

6 Krötenwanderung – Unterstreiche in jedem Satz das Bindewort.
Schreibe dann den Text ab. Ersetze die eingeklammerten Wörter durch Nomen.

Bei ihrer (wandern) wollen die Kröten eine Straße überqueren, aber ein Krötenzaun bildet ein (hindern). Naturschützer sammeln die Kröten ohne (schwierig) auf, damit diese in einem See in (frei) ablaichen können.

7 Welche der folgenden Wörter sind Bindewörter (7)? Kreise ein.

während wer nachdem solche sobald weil welche sodass selbst wenn obwohl

8 Verbinde die Sätze mit verschiedenen Bindewörtern.

Viele Kröten warten am Zaun. Die Naturschützer kommen mit Eimern.

Die Naturschützer bringen die Kröten zum See. Die Tiere legen hier ihre Eier ab.

Schnell retten sich die Tiere ins Wasser. Ein Helfer dreht den Eimer um.

Vögel können die Kröten nicht fangen. Ein Netz schützt die Kröten und den Laich.

Wörter mit ks

Wörterschule

- [ ] schlak|sig*
- [ ] links
- [ ] Keks*
- [ ] piksen*
- [ ] Murks*
- [ ] staksen*

(1) Sprich die Lernwörter deutlich. In jedem Wort hörst du **ks**.

(2) Schreibe die Wörter, die du trennen kannst (3), in Silben auf. Markiere **ks** gelb. Was stellst du beim Sprechen fest?

Schreibe auch die anderen Wörter und kennzeichne **ks**.
Denke bei den Nomen an den Artikel.

(3) **DU + ICH** Auch hier hört ihr den **ks**-Laut. Um welche Wortart handelt es sich? In welcher Form stehen die Wörter? Kreist den Wortstamm ein.

du stärkst, du wankst, du wirkst

(4) **DU + ICH** Findet weitere Verben, deren Wortstamm auf **-k** endet. Bildet die Du-Form und kreist **ks** ein. Die Wörterliste ab Seite 75 hilft euch.

(5) Auch hier hörst du **ks**. Aber wie wird der **ks**-Laut geschrieben? Kreise mit verschiedenen Farben (3) ein.

du zwickst, du winkst, du magst, du dankst, du neckst, du liegst, du sagst

(6) Wie erkennst du, ob du ein Verb mit **gs**, **ks** oder **cks** schreibst? Kreuze an (2):

- [ ] Ich bilde die Grundform und achte auf den ersten Vokal.
- [ ] Ich bilde die 1. Vergangenheit.
- [ ] Ich bilde die Grundform und trenne das Wort.

(7) Bilde die Grundform zu den Verben aus Aufgabe 5.

zwi-cken: du zwickst, …

Rechtschreib-Trick:
Üben und merken!

Streiche durch, was falsch ist.

Wörter mit dem ks-Laut muss ich schön schreiben / gut üben / links schreiben.

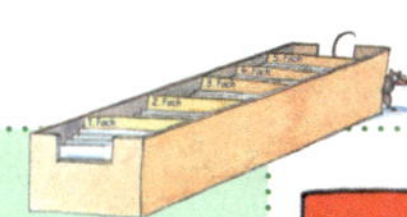

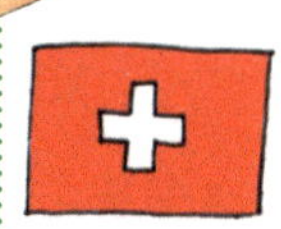
Schweiz

8 Aufgabe 2a/b

Trenne die Wörter durch Striche voneinander.
Schreibe den Text.

EINERLEBNISAMAMSELNEST

LAURASITZTIMGARTENUNDISSTKEKSE. VATERZEIGTLAURAZWEIAMSELN.
SIEFLIEGENIMMERWIEDERZURHECKE.
INDERSCHÜLERZEITUNGHATSIEGELESEN:
„BEOBACHTEVÖGELNURAUSGRÖSSERERENTFERNUNG.
DUMERKST:BEIDEVOGELELTERNBRINGENDENJUNGENNAHRUNG.
DIESEWERDENSCHNELLGROSSUNDLERNENFLIEGEN.
DANNVERLASSENSIEIHRNEST."
AMANFANGHABENSIEDABEINOCHSCHWIERIGKEITEN,STELLTLAURAFEST.
SIESUCHTIMINTERNETINFORMATIONEN. MITWENIGENKLICKSFINDET
SIEEINENARTIKELÜBERDIEENTWICKLUNGJUNGERAMSELN.

9 Du findest in dem Text Satzergänzungen im 3. Fall (2) und im 4. Fall (8).
Unterstreiche sie mit verschiedenen Farben.

10 Manche Verben erfordern eine Satzergänzung im 3. Fall, andere eine Satzergänzung im 4. Fall. Trage die Verben aus dem Text in der Grundform richtig in die Tabelle ein.

Verben: Satzergänzung im 4. Fall	Verben: Satzergänzung im 3. Fall
essen,	

11 Ergänze die Tabelle. Trage diese Verben richtig ein:

füttern, singen, helfen, gehören, fressen, säubern, antworten, begegnen, holen

12 In der Geschichte über die jungen Amseln findest du orange gedruckte Buchstaben (18). Wenn du sie in der richtigen Reihenfolge liest, erfährst du, was die Amseleltern ihren Jungen als Futter bringen.

Wörter mit Dehnungs-h

Wörterschule

- [ ] w ___ r
- [ ] erz ___ len
- [ ] s ___ r
- [ ] St ___ l*
- [ ] bel ___ nen*
- [ ] umk ___ ren*
- [ ] ___ nlich *
- [ ] ungef ___ r*
- [ ] Dr ___ t*
- [ ] ___ ne*

1

Hodscha Nasreddin, so heißt der türkische Eulenspiegel, hat einen Esel. Der Esel ist auf die Lernwörter getreten. Ergänze in der Wörterschule die fehlenden Buchstaben. Sprich so: wahr schreibe ich mit ah, …

2 Welchen Buchstaben kannst du in den Lernwörtern nicht hören? ______
Kreise ihn gelb ein.

3 DU + ICH Achtet beim Sprechen auf den Laut vor diesem Buchstaben.

a) Was ist das für ein Laut? Kreuzt an (2):

- [ ] Vokal
- [ ] Zwielaut (Diphthong)
- [ ] Umlaut
- [ ] Konsonant

b) Wie sprecht ihr diesen Laut? Erklärt den Begriff Dehnungs-h.

4 a) ICH Kreise in den folgenden Wörtern h ein. Zeichne Silbenstriche.
Was fällt dir auf?

gefährlich | fähig | Kühe | kühler | Mühe | mühsam | verblüht

blühen | stehen | Stehaufmännchen | Zehner | Zehen | zählen | zäher

b) DU + ICH Besprecht eure Ergebnisse. Ordnet die Wörter in zwei Spalten. Findet für jede Spalte eine passende Überschrift.

c) WIR Sammelt weitere Wörter.

Übe mit der Wörterbox.

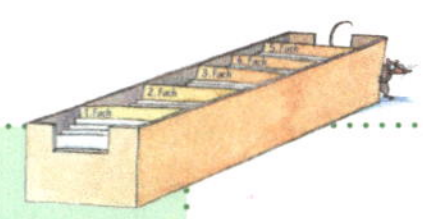

Rechtschreib-Trick:
Üben und merken!

Setze richtig ein: Dehnungs-h, silbentrennende h

Das ______________________ höre ich.

Wörter mit ______________________ muss ich

gut üben, weil ich das h nicht höre.

Serbien

5 Male die Felder, in denen du eine Ortsangabe findest, braun an.
Die Felder mit einer Zeitangabe malst du blau an.

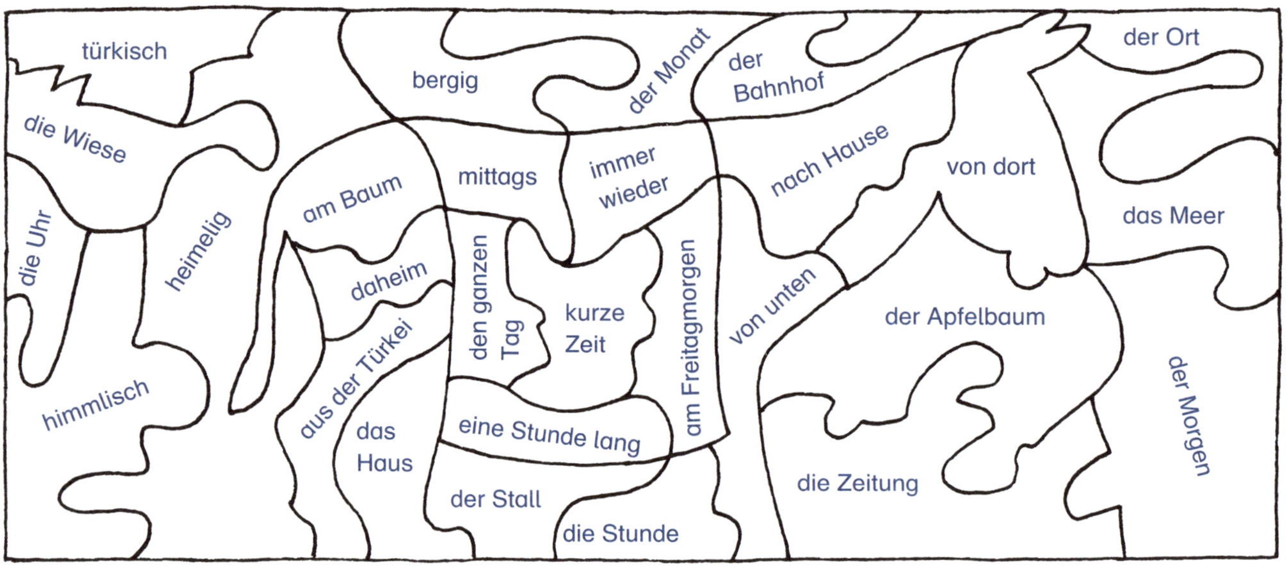

6 In jedem Satz findest du eine Orts- oder eine Zeitangabe. In einem Satz findest du beide. Unterstreiche mit verschiedenen Farben. Schreibe die Fragen auf, mit denen du nach den Angaben fragst.

Der Esel stammt ursprünglich aus Afrika.

Er steht täglich mehrere Stunden auf der Weide.

Ein Esel braucht jeden Tag genügend Auslauf.

Er geht auch gerne in einen Unterstand.

Darin muss er trocken stehen können.

Im Sommer bietet ihm sein Stall Schutz vor der Sonne.

7 Informiere dich über ein Tier. Schreibe einen Text darüber. Verwende passende Orts- und Zeitangaben. Diese Begriffe können dir helfen:

Abstammung, Kauf des Tieres, Lebensgewohnheiten, Vorlieben, Futter, Kosten, Pflege, Tierarztbesuch

Wortfamilien

1 Wodurch unterscheiden sich die beiden Wortstämme? Markiere farbig.
Fülle die leeren Felder mit passenden Wortbausteinen.

ver			SCHLAF	er	rig		
ent			SCHLÄF			los	ern

2 ICH Bilde mit den Wortbausteinen Wörter.
Verwende jeweils den passenden Wortstamm und kreise ihn ein.
Schreibe Nomen mit Artikel auf.

SCHLAF SCHLÄF

DU + ICH Schreibt zu einigen Wörtern Sätze. Vergleicht und kontrolliert gegenseitig, was ihr geschrieben habt.

3 DU + ICH „Wortstämme helfen dir, richtig zu schreiben." Erklärt diesen Rechtschreib-Trick mithilfe der Wörter der Wortfamilie SCHLAF/SCHLÄF. Schreibt in euer Lerntagebuch.

LERN TAGEBUCH

4 Ordne die Wortfamilien (3). Zeichne eine Tabelle ins Heft und trage die Wörter ein. Kreise jeweils den Wortstamm ein.

ärgerlich, ehrlos, fraglich, beehren, die Verärgerung, die Ehre, ausfragen, das Ärgernis, anfragen, verärgern, arglos, die Verehrung, fragwürdig, die Umfrage, ehrwürdig

Wortfamilie /	Wortfamilie	Wortfamilie

5 DU + ICH Findet weitere Wörter zu den Wortfamilien. Ergänzt eure Tabelle. Ein Wörterbuch kann euch helfen.

Rechtschreib-Trick: An Regeln denken!

Kreuze an (2).
- ☐ **Den Wortstamm darf ich nicht verändern.**
- ☐ **Mit einem Wortstamm und unterschiedlichen Wortbausteinen kann ich Wörter bilden.**
- ☐ **Der Wortstamm hilft mir, richtig zu schreiben.**

Slowakische Republik

6 Male die Wörter jeder Wortfamilie in einer anderen Farbe an.
Du erhältst ein Muster.

die Schublade	das Kaufhaus	der Einkauf	die Verkäuferin	schiebbar
käuflich	aufschieben	schnittfest	verschieben	der Kaufladen
der Schneider	abschneiden	die Schubkarre	zerschneiden	der Schnittlauch

7 In dieser Geschichte erfährst du mehr über Hodscha Nasreddin und seinen Esel:

Hodschas Esel wurde aus dem Stall gestohlen.
Ein Nachbar schimpft am nächsten Morgen: „Hodscha, drei Mal habe ich schon gesagt, dass die Stalltür alt ist. Warum hast du keine neue gekauft?“ Ein anderer meint: „Du hast die Stalltür wahrscheinlich nur zugeschoben.“
Ein dritter fragt: „Während du im Haus schläfst, geht ein Dieb in deinen Stall und stiehlt deinen Esel?“
Der Hodscha ärgert sich immer mehr: „Ihr geht mir auf die Nerven. Den ganzen Vormittag lang höre ich aus euren Worten, dass ich ehrlicher Mann schuld bin an dem Diebstahl. Ist es nicht umgekehrt? Ist nicht der Dieb der Schuldige? Er klaut den Esel und ist unschuldig?“

Im Text über Hodschas Esel stehen Ortsangaben (3) und Zeitangaben (3).
Unterstreiche sie mit verschiedenen Farben.
Schreibe das passende Fragewort und die Orts- oder Zeitangabe auf.

woher?	aus dem

8 Wähle eine Aufgabe zur Geschichte oben aus:
a) Male ein Bild zur Geschichte.
b) DU + ICH Gestaltet einen Comic zu dieser Geschichte.
c) Schreibe die Geschichte in der 1. Vergangenheit auf.

Wörter mit doppeltem Vokal

Wörterschule

- [ ] Kaf|fee*
- [ ] Haar
- [ ] Tee*
- [ ] Saal*
- [ ] Waage*
- [ ] Paar*
- [ ] Staat*
- [ ] paar *

1. Lies die Wörter. Was haben sie gemeinsam?

____

2. Mache nach jedem Wort einen Strich. Schreibe alle Nomen mit Artikel (10) auf. Sprich dazu: der Aal mit aa.

____

____

3. Untersuche das Wort **Haar** mit diesem Wortstern.

besondere Stelle _______________

andere Sprache _______________

verwandte Wörter _______________

Sprichwörter _______________

Wortart _______________

Reimwörter _______________

4. **DU + ICH** Findet verwandte Wörter. Kreist den Wortstamm ein. Das Wörterbuch kann euch helfen.

Waage: abwiegen, _______________

Haar: _______________

Paar: _______________

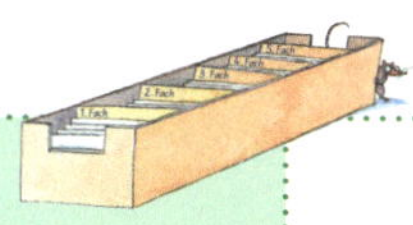

Rechtschreib-Trick: Üben und merken!

Kreuze an.

Wörter mit doppeltem Vokal muss ich
- [ ] **in Sil-ben spre-chen.**
- [ ] **mir gut merken.**

Spanien

5 Ordne die Angaben in die Tabelle ein. Kennzeichne die doppelten Vokale gelb.

an die Ostsee · in der Kaffeepause · vom Meeresstrand

ein paar Minuten · drei Mal täglich · im Blumenbeet

während der Seereise · neben dem Segelboot

Ortsangabe	Zeitangabe

6 Wie fragst du nach Ort und Zeit? Notiere Fragewörter.

Ortsangaben (3): ______________________

Zeitangaben (3): ______________________

7 Unterstreiche in jedem Satz Subjekt, Prädikat, Satzergänzungen im 3. und 4. Fall sowie Orts- und Zeitangaben. Verwende verschiedene Farben.

Unterwegs in Europas Hauptstädten

In Rom besichtigen die Urlauber das Kolosseum.

Den Eiffelturm bewundern sie in Paris.

In Athen bestaunen die Menschen die Akropolis.

Viele Touristen besuchen in Wien das Schloss Schönbrunn.

In London können Reisende oft Straßenmusikanten zuhören.

8 Setze die Silben zu sinnvollen Verben (5) zusammen.

schau | bli | cken | be | ten | sich | trach | star | er | ren | be | en | ti | gen

____

____

Welches Wortfeld erkennst du? ______________________

Für Rechtschreibexperten

Luis schreibt über seinen Urlaub in Italien. Bestimme in den folgenden Abschnitten die Fehlerart. Welchen Rechtschreibtrick hat er nicht beachtet?

1 In den Ferien reißten wir nach Italien. Auf dem Campingplatz stellte meine Mutter fest, dass sie die Tasche mit den Badesachen vergeßen hatte. Also sasen wir am ersten Urlaubstag am Strand und konnten nicht schwimmen. Ess war nämlich Sonntag. Dafür kauften mir meine Eltern Eis mit Erdbeersose.

Fehlerart: ____________________ TRICK ______

2 Am nächsten Tag kauften wir Schwimmzeug und badeten im Mer. Mittags aßen wir geräucherten Al und meine Eltern bestellten sich noch einen Eiskaffe. Am Nachmittag liehen wir ein Tretbot aus.

Fehlerart: ____________________ TRICK ______

3 Wärend wir dann vom Strand nach Hause gingen, spührten wir Regentropfen auf unserer Haut. Kurze Zeit später fiehl starker Regen. Zu Hause nam ich eine warme Dusche.

Fehlerart: ____________________ TRICK ______

4 Als die sonne wieder schien, spielte ich mit anderen kindern Fußball. erst als es dunkel wurde, ging ich zu meinen Eltern in das zelt. Nach dem Abendessen Schlief ich bald ein.

Fehlerart: ____________________ TRICK ______

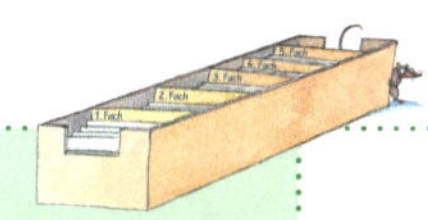

Rechtschreib-Trick:
Üben und merken!

Kreuze an (2).

Rechtschreibfehler kann ich vermeiden, wenn ich

- [ ] **den Text laut lese.**
- [ ] **darauf achte, dass ich nur Satzanfänge und Nomen groß schreibe.**
- [ ] **an die Rechtschreibtricks denke.**

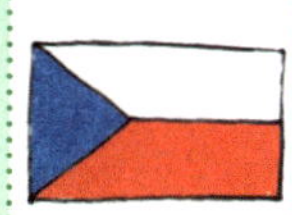

Tschechische Republik

SB Europa • Seite 123

5 DU + ICH Helena fährt mit ihren Eltern nach München.
Dort entdeckt sie diese Postkarte. Sie versteht nicht alles. „Übersetzt“ für sie.

6 DU + ICH Findet Ausdrücke in eurem Dialekt.

7 Lies, was Eva ihren Großeltern in Hamburg schreibt.

Hi Oma,
ich habe diese Karte in München entdeckt. Ich finde sie cool.
Hier in München gibt es voll viele Museen. Am krassesten finde ich das Lenbachhaus. Dort findet man locker 50 Bilder von Franz Marc, meinem Lieblingsmaler. Mama hat mir dort ein Poster gekauft. Morgen düsen wir nach Salzburg weiter.
Bis bald
Deine Eva

Käthe Fischer
Am Deich 2456
00000 Hamburg

8 Mutter erklärt Helena, dass einige Wörter zwar beim Sprechen verwendet werden, nicht aber beim Schreiben. Unterstreiche die umgangssprachlichen Wendungen (6) und schreibe dafür sachliche Ausdrücke auf.

Hi – Liebe,

Besondere Wörter

1. Sprich die Wörter in der Wörterschule deutlich. Welche kennst du nicht? Schlage nach.

2. Zeichne zu jedem dieser Wörter ein Bild.

der Laich	der Laib

3. DU + ICH Tragt die Lernwörter richtig in die Tabelle ein. Kreist die besonderen Stellen gelb ein. Sprecht so: Tiger schreibe ich mit langem **i**. Gibt es Wörter, die ihr in zwei Spalten eintragen könnt?

Wörter mit langem **i**	Wörter mit **ai**	Wörter mit **Ch/ch**	Wörter mit **dt**

Wörterschule

- Tiger
- Laib
- Familie
- verwandt
- Christ
- Laich*
- beredt*
- gewandt*
- China*
- Hai*
- Chemie*

4. Finde für jede Spalte weitere Wörter. Du kannst ein Wörterbuch verwenden.

5. Ordne den Lernwörtern ihre Verwandten (2) zu. Kreise jeweils die Merkstelle ein.

christlich, ablaichen, chinesisch, der Hammerhai, das Tigerbaby, der Brotlaib, der Stubentiger, familiär, die Verwandtschaft, die Chemikalie, die Christin, der Froschlaich, sprachgewandt, die Verwandten, die Großfamilie, chemisch, das Laibchen, der Haifisch, die Gewandtheit, der Chinakohl

Schreibe so: der Tiger: das Tigerbaby, …

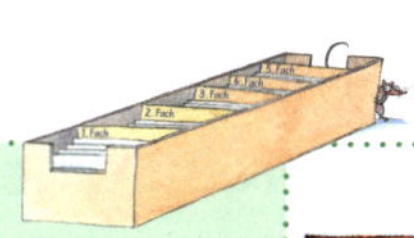

Rechtschreib-Trick: **Üben und merken!**

Ergänze.

Wörter mit Rechtschreibbesonderheiten muss ich ______________.

Türkei

6 Welcher Hund ist gemeint? Kreise ihn ein.

Er hat Flecken.
Er trägt ein Halsband.
Er hat einen langen Schwanz.
Er hat Schlappohren.
Er macht Männchen.

7 „Tierische“ Sprichwörter und Redensarten. Verbinde richtig.

Die Geschwister sind wie Hund und Katze.	Du bist besonders empfindsam.
Du hörst ja die Flöhe husten.	Sie kommt zu spät und hat ihre Hausaufgaben vergessen. Die Lehrerin schimpft.
Ich fühle mich wie ein Fisch auf dem Trockenen.	Am Kiosk wartet eine lange Schlange. Als Luis endlich dran ist, gibt es keine Brezen mehr.
Lisa steht da wie ein begossener Pudel.	Sie streiten den ganzen Tag.
Die Letzten beißen die Hunde.	Ich fühle mich ziemlich hilflos.

8 DU + ICH Erklärt diese Redensart: „Mir ist eine Laus über die Leber gelaufen.“

9 WIR Wählt aus, was ihr tun wollt.

a) Sucht eine Redensart aus und spielt sie vor. Die anderen Kinder raten, welche Redensart gemeint ist.
b) Gestaltet eine Ausstellung. Schreibt Redensarten auf Plakate und malt dazu.
c) Schreibt eine Geschichte. Baut Redensarten ein.
d) Stellt ein Gedächtnis-Spiel her. Schreibt auf ein Kärtchen eine Redensart, auf ein zweites, was sie bedeutet, und malt auf ein drittes ein passendes Bild. Ihr könnt nach den Memory-Regeln spielen.

Starke Verben

Wörterschule

- blie|ben
- gaben
- hielten
- lagen
- lasen
- riefen
- schienen
- schnitten
- schoben
- schwammen

1. Lies die Wörter in der Wörterschule. Was fällt dir auf?

2. Finde zu den Lernwörtern die Verben in der Grundform.
Die Wörterliste ab Seite 75 hilft dir.
Was ändert sich im Wortstamm? Markiere gelb.

bleib en – blieb en,

3. DU + ICH Vergleicht diese Verbformen mit denen in Aufgabe 2:
lern en – lern ten, mal en – mal ten
Was stellt ihr fest?

4. Es gibt starke Verben und schwache Verben. Bei den starken Verben kann sich der Stammvokal im Wortstamm ändern. S. 70–71
Bilde mit den Verben aus der Wörterschule alle Zeitformen (4) in der **Ich-** oder **Er-**Form. Ändert sich der Stammvokal? Kennzeichne wie in Aufgabe 2.
Schreibe so: bleib en: ich bleib e, ich blieb, ich bin ge blieb en, ich werde bleib en

5. Kreise nur die starken Verben ein (8).
erzählen – fahren – schützen – stellen – gehen – sprechen – holen – suchen – sehen – blühen – riechen – weinen – stehen – springen – zielen – verlieren

6. Wähle aus, was du tun willst:
a) Schreibe Sätze in der 1. Vergangenheit mit starken Verben aus Aufgabe 5.
b) Schreibe ein Tiererlebnis in der 1. Vergangenheit. Unterstreiche starke Verben.
c) Gestalte einen Tier-Comic.

Rechtschreib-Trick:
Üben und merken!

Setze ein: Vergangenheitsform, starken, schwachen

Bei ______ Verben kann sich der Stammvokal in der ______ ändern.
Bei ______ Verben bleibt der Wortstamm gleich.

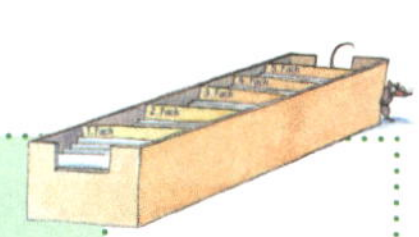

Ungarn

7 Wer hält die europäische Flagge? Male die Felder so aus:
Felder mit Verben in der Gegenwart: grün
Felder mit Verben in der 1. Vergangenheit: rot
Felder mit Verben in der 2. Vergangenheit: braun
Felder mit Verben in der Zukunft: blau

8 Einige Verben (5) tauchen in allen vier Zeitstufen auf.
Wähle das passende Pronomen aus und schreibe diese Verben in den vier Zeitstufen auf.

ich turne, ich turnte, ich habe geturnt, ich werde turnen
du läufst, …

1 Ordne die Satzglieder nach dem jeweils angegebenen Bauplan.

Die Klasse 4c verbringt mehrere Tage in der Fränkischen Schweiz.

Zeitangabe	Prädikat	Subjekt	Ortsangabe

Die folgende Geschichte erzählt Samuel am Abend den anderen Kindern.

Subjekt	Prädikat	Satzergänzung 3. Fall	Zeitangabe	Satzergänzung 4. Fall

2 Lies, was Samuel erzählt.

Arthur, Maja und ich haben in der Nähe unserer Unterkunft eine verlassene Tropfsteinhöhle entdeckt. Die Luft dort war krass kühl. Bald war um uns herum totale Finsternis. Nur die Taschenlampen haben die Höhle erhellt. Wir haben nicht auf die Uhr gesehen. Irgendwann haben wir bemerkt, dass wir die Orientierung verloren hatten. „Irre gefährlich", ist es mir durch den Kopf gegangen. Da haben wir vielleicht Schiss bekommen …

Samuel verwendet in seiner Erzählung umgangssprachliche Ausdrücke (3). Unterstreiche sie im Text und ersetze sie durch sachliche Ausdrücke.

3 In Samuels Geschichte findest du Wörter mit Dehnungs-h. Schreibe sie mit jeweils zwei Verwandten auf.

⑤ Das kann ich schon

4 Von welchen Wörtern sind folgende Nomen abgeleitet?

Finsternis ______________________

Orientierung ______________________

5 a) Kreise die Wortbausteine ein, mit denen du Nomen bilden kannst.

-schaft -los -ung -nis -tum -bar -heit -sam -keit

b) Finde zu jedem Wortbaustein ein passendes Nomen.

____

____

____

____

6 Ersetze die folgenden Wörter aus dem Text durch ein passendes Wort derselben Wortart.

Finsternis ______________________

erhellen ______________________

sehen ______________________

bemerken ______________________

7 Verbinde jeweils zwei Sätze mit einem Bindewort.

Die Kinder gehen in eine verlassene Höhle. Sie wollen ein Abenteuer erleben.

____

____

Sie wagen sich weit in die Höhle. Dort ist es stockfinster.

____

____

Wie konntest du die Aufgaben lösen?
Male unter jede Aufgabennummer ein passendes Gesicht:
☺ Leicht! 😐 Es geht! ☹ Ich muss dazu noch üben.

Welche Begriffe kennst du?

Begriff	Erklärung	Schreibe Beispiele:
Alphabet	Ein anderes Wort für **ABC**; es hat 26 Buchstaben: 5 Vokale und 21 Konsonanten.	
Diphthong	Ein anderes Wort für **Zwielaut**; Laut, der aus **2 Vokalen** besteht.	
Wortarten	Wir kennen verschiedene Wortarten.	
Nomen **Nomentest:** ddd MZ	**Wortart** mit mindestens einem dieser Merkmale: • benennt Menschen, Pflanzen, Tiere, Dinge; • steht in Einzahl oder Mehrzahl; • steht in einem der 4 Fälle; • kann man malen/anfassen.	
Artikel **Nomentest:** ddd	**Wortart:** • gibt das **Geschlecht** des Nomens an; • kann **bestimmt** oder **unbestimmt** sein.	
Fall	Nomen stehen in den **4 Fällen**: • 1. Fall **Wer**-Fall, Frage: „Wer oder was?“ • 2. Fall **Wessen**-Fall, Frage: „Wessen?“ • 3. Fall **Wem**-Fall, Frage: „Wem?“ • 4. Fall **Wen**-Fall, Frage: „Wen oder was?“	
Pronomen (Personal-pronomen)	**Wortart:** • steht für ein **Nomen**; • wird im Brief als **Anredepronomen** verwendet; • wird in der **Höflichkeitsform** groß geschrieben.	
Verb **Verbtest:** ich Z	**Wortart:** • sagt uns, was jemand oder etwas macht oder tut; • kann in der **Grundform** oder in einer **Personalform** stehen; • kann in den Zeitstufen **Gegenwart**, **1. Vergangenheit**, **2. Vergangenheit** oder **Zukunft** stehen.	
Hilfsverb **Verbtest:** ich Z	**Wortart:** wird benötigt, um die Zeitformen **2. Vergangenheit** und **Zukunft** zu bilden.	
Adjektiv **Adjektivtest:** Wie?	**Wortart:** • sagt, wie jemand oder etwas ist; • kann in der **Grundform** oder in einer **Vergleichsstufe** stehen.	

Welche Begriffe kennst du?

Begriff	Erklärung	Schreibe Beispiele:
Bindewort	**Wortart:** verbindet Sätze miteinander.	
Zeitformen	Wir kennen verschiedene Zeitformen.	
Gegenwart	**Zeitform:** Wenn etwas **gerade** geschieht, **erzählen** und **schreiben** wir so.	
1. Vergangenheit	**Zeitform:** Wenn etwas **früher** geschehen ist, **schreiben** wir meistens so.	
2. Vergangenheit	**Zeitform:** Wenn etwas **früher** geschehen ist, **erzählen** wir oft so.	
Zukunft	**Zeitform:** Wenn etwas **später** geschehen wird, können wir so **erzählen** und **schreiben**.	
Wortbausteine	Aus Wortbausteinen können wir Wörter bauen. Wir kennen verschiedene **Arten** von Wortbausteinen.	
Wortstamm	**Wortbaustein:** • bildet manchmal alleine, oft zusammen mit anderen **Wortbausteinen** ein Wort; • kann sich verändern.	
Vorsilben, Nachsilben	**Wortbausteine: Vorsilben** verändern oft die **Bedeutung** eines Wortes; **Nachsilben** verändern oft die **Wortart**.	
Wortfamilie	Verwandte Wörter; haben alle den **gleichen** oder einen **ähnlichen Wortstamm**.	
Wortfeld	Wörter mit **ähnlicher Bedeutung**	
Satzglieder	Ein Satz besteht aus Satzgliedern. Es gibt verschiedene **Arten** von Satzgliedern.	

Welche Begriffe kennst du?

Begriff	Erklärung	Schreibe Beispiele:
Subjekt	**Satzglied:** • kann ein **Nomen** oder ein **Pronomen** sein; • Frage: **„Wer oder was?“**	
Prädikat / Satzkern	**Satzglied:** • ist immer ein **Verb**, kann auch mehrteilig sein; • benötigt manchmal eine **Ergänzung**; • Fragen: **„Was tut jemand?“**, **„Was geschieht?“**	
Satz-ergänzung	**Satzglied:** • ergänzt einen Satz im **3. Fall** oder im **4. Fall**; • Fragen: **„Wem?“** oder **„Wen oder was?“**	
Ortsangabe	**Satzglied:** • erweitert einen Satz; • Fragen: **„Wo?“**, **„Woher?“**, **„Wohin?“**	
Zeitangabe	**Satzglied:** • erweitert einen Satz; • Fragen: **„Wann?“**, **„Wie oft?“**, **„Wie lange?“**	
Wörtliche Rede	• gibt an, was jemand sagt; • Wird durch **Anführungszeichen** gekenn-zeichnet.	
Rede-begleitsatz	• gibt an, wer etwas sagt; • wird **vorangestellt** durch einen **Doppelpunkt** oder • **nachgestellt** durch ein **Komma** von der wört-lichen Rede abgetrennt.	
Satzarten	Es gibt verschiedene **Arten** von Sätzen.	
Aussagesatz Fragesatz Aufforde-rungssatz, Ausruf	Am Ende jedes Satzes steht ein passendes **Satzzeichen.** . ? ! !	

Starke Verben

Starke Verben verändern ihren Stammvokal.
Markiere alle Veränderungen im Wortstamm farbig.

Grundform	Gegenwart	1. Vergangenheit	2. Vergangenheit
bleiben	du bleibst	er blieb	sie ist geblieben
bringen	du bringst	er brachte	sie hat gebracht
denken	du denkst	er dachte	sie hat gedacht
dürfen	du darfst	er durfte	sie hat gedurft
erschrecken	du erschrickst	er erschrak	sie ist erschrocken
essen	du isst	er aß	sie hat gegessen
fahren	du fährst	er fuhr	sie ist gefahren
fallen	du fällst	er fiel	sie ist gefallen
finden	du findest	er fand	sie hat gefunden
geben	du gibst	er gab	sie hat gegeben
gehen	du gehst	er ging	sie ist gegangen
haben	du hast	er hatte	sie hat gehabt
halten	du hältst	er hielt	sie hat gehalten
heißen	du heißt	er hieß	sie hat geheißen
helfen	du hilfst	er half	sie hat geholfen
kommen	du kommst	er kam	sie ist gekommen
können	du kannst	er konnte	sie hat gekonnt
lassen	du lässt	er ließ	sie hat gelassen
laufen	du läufst	er lief	sie ist gelaufen
lesen	du liest	er las	sie hat gelesen
liegen	du liegst	er lag	sie hat/ist gelegen
müssen	du musst	er musste	sie hat gemusst
reiten	du reitest	er ritt	sie ist geritten

Starke Verben

Grundform	Gegenwart	1. Vergangenheit	2. Vergangenheit
riechen	du riechst	er roch	sie hat gerochen
rufen	du rufst	er rief	sie hat gerufen
scheinen	du scheinst	er schien	sie hat geschienen
schieben	du schiebst	er schob	sie hat geschoben
schlafen	du schläfst	er schlief	sie hat geschlafen
schneiden	du schneidest	er schnitt	sie hat geschnitten
schreiben	du schreibst	er schrieb	sie hat geschrieben
schwimmen	du schwimmst	er schwamm	sie ist geschwommen
sehen	du siehst	er sah	sie hat gesehen
singen	du singst	er sang	sie hat gesungen
sitzen	du sitzt	er saß	sie hat/ist gesessen
sprechen	du sprichst	er sprach	sie hat gesprochen
springen	du springst	er sprang	sie ist gesprungen
stehen	du stehst	er stand	sie hat/ist gestanden
steigen	du steigst	er stieg	sie ist gestiegen
tragen	du trägst	er trug	sie hat getragen
trinken	du trinkst	er trank	sie hat getrunken
vergessen	du vergisst	er vergaß	sie hat vergessen
verlieren	du verlierst	er verlor	sie hat verloren
werden	du wirst	er wurde	sie ist geworden
werfen	du wirfst	er warf	sie hat geworfen
wollen	du willst	er wollte	sie hat gewollt
ziehen	du ziehst	er zog	sie hat gezogen

Ideen zum Geschichten schreiben

1

2

schlauer Professor
baut verrückte Maschine
landet in Australien
versucht mit den Einheimischen zu sprechen
findet Freund
...

3 *„Hier ist es aber dunkel!“, rief Bantai, als er von dem Wal verschluckt wurde.*

4

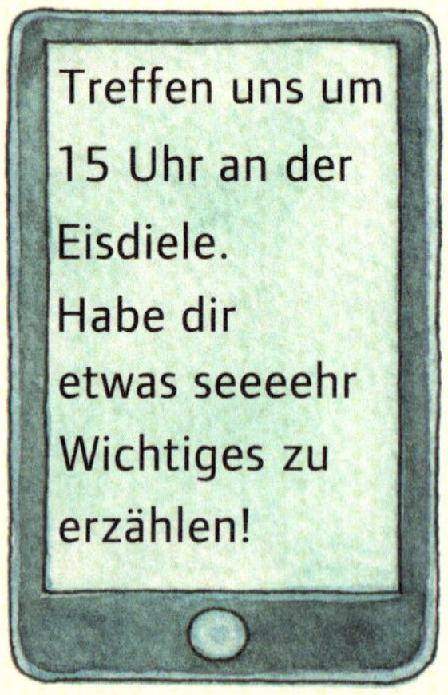

5

Freunde

Eines Tages flog ein schöner roter Luftballon über die heiße Wüste Mexikos – und blieb an einem stacheligen Kaktus hängen ...

6

7 Warum der Käse Löcher hat …

8 Ich – der Superheld

9 *Sehr geehrter Finder,*
mein Name ist und ich bin
der einzige Überlebende
Ich befinde mich auf einer
einsamen Insel, auf der

10

11 Es war einmal …

Niemand weiß, wie ich heiße.
Aber dann beschließe ich,
der Müllerstochter zu helfen,
die Stroh zu Gold spinnen soll. …

Meine Stiefmutter und meine Stiefschwestern nutzen mich als Dienstmädchen aus und ich muss im Herd bei der Asche schlafen. Eines Tages aber …

Meine Schwester und ich irren durch den dunklen Wald, in dem mein Vater uns allein gelassen hat. Plötzlich …

Wenn ich meiner kranken Großmutter etwas zu essen bringe, setze ich immer meine rote Lieblingskappe auf. Auf dem Weg dorthin …

12 Ein neuer Schluss für meine Lieblingsgeschichte

Satzglieder

Subjekt	Prädikat	Objekt		Angabe	
Wer? Was?	Verb				
		Satzergänzung im 3. Fall (Dativobjekt)	**Satzergänzung im 4. Fall** (Akkusativobjekt)	**Zeitangabe**	**Ortsangabe**
		Wem?	Wen? Was?	Wann? Wie lange? Wie oft?	Wo? Wohin? Woher?
Die Kinder	verlassen	die Grundschule		in der nächsten Woche	

Satzgliedproben

| Die Kinder | verlassen | die Grundschule | nach der 4. Klasse. |

Umstellprobe:

| Die Grundschule | verlassen | die Kinder | nach der 4. Klasse. |

Ersatzprobe:

| Sie | verlassen | die Grundschule | nach der 4. Klasse. |

Weglassprobe:

| Die Kinder | verlassen | die Grundschule. |

Erweiterungsprobe:

| Die Kinder | verlassen | die Grundschule | in Bayern | nach der 4. Klasse. |

Grundwortschatz für die Jahrgangsstufen 1 bis 4

einschließlich der Häufigkeitswörter

A

ab

der **Abend**, die Abende

abends

aber

der **Advent***

ähnlich*

alle

als

also

alt, älter

am

die **Ameise**, die Ameisen

an

die **Angel***, die Angeln

der **Anschluss***, die Anschlüsse

antworten, er antwortet

der **Apfel**, die Äpfel

arbeiten, er arbeitet

der **Arm**, die Arme

der **Arzt**, die Ärzte

der **Ast**, die Äste

auf

die **Aufgabe**, die Aufgaben

aufräumen*, er räumt auf

das **Auge**, die Augen

aus

außer

das **Auto**, die Autos

B

das **Baby**, die Babys

backen, er backt

der **Bäcker**, die Bäcker

baden, er badet

das **Band**, die Bänder

die **Bank**, die Bänke

der **Baum**, die Bäume

beginnen*, er beginnt, wir begannen

bei

das **Beispiel**, die Beispiele

belohnen*, er belohnt

der **Berg**, die Berge

besitzen*, er besitzt, wir besaßen

die **Biene**, die Bienen

das **Bild**, die Bilder

ich **bin**

die **Birne**, die Birnen

bis

du **bist**

blau

bleiben, er bleibt, wir blieben

der **Blitz***, die Blitze

blühen, er blüht

die **Blume**, die Blumen

die **Blüte**, die Blüten

der **Boden**, die Böden

böse

brauchen, er braucht

braun

der **Brief**, die Briefe

bringen*, er bringt, wir brachten

das **Brot**, die Brote

der **Bruder**, die Brüder

der **Bub**, die Buben

das **Buch**, die Bücher

bunt

C

der **Cent**, die Cents (aber: 3 Cent)

der **Christ**, die Christen

der **Clown**, die Clowns

der **Computer**, die Computer

D

da

danken, er dankt

dann

das

dein – deinem – deinen

dem

den

denken, er denkt, wir dachten

der

des

der **Desktop***, die Desktops

dich

dick

die

dies – diesem – diesen

das **Ding**, die Dinge

dir

das **Display***, die Displays

doch

das **Dorf**, die Dörfer

dort

die **Dose**, die Dosen

der **Draht***, die Drähte

draußen

drehen, er dreht

du

dumm, dümmer

dunkel

durch

dürfen, er darf, wir durften

E

die **Ebbe***

ehrlich*

das **Ei**, die Eier

ein – einem – einen

das **Eis**

die **Eltern**

die **E-Mail***, die E-Mails

das **Ende**, die Enden

eng

die **Ente**, die Enten

er

die **Erde**

erlauben, er erlaubt

erleben*, er erlebt

ernähren*, er ernährt

erschrecken, er erschreckt, wir erschraken

erst

erzählen, er erzählt

es

der **Esel**, die Esel

essen, er isst, wir aßen

etwas

euer – eurem – euren

der **Euro**, die Euros (aber: 10 Euro)

F

fahren, er fährt, wir fuhren

die **Falle***, die Fallen

fallen, er fällt, wir fielen

die **Familie**, die Familien

die **Feder**, die Federn

fein

das **Fenster**, die Fenster

finden, er findet, wir fanden

der **Finger**, die Finger

der **Fisch**, die Fische

die **Flasche**, die Flaschen

fragen, er fragt

die **Frau**, die Frauen

frei*

fremd

der **Freund**, die Freunde

frisch

fröhlich*

der **Frühling**

der **Fuchs**, die Füchse

der **Füller**, die Füller

für

der **Fuß**, die Füße

G

die **Gabel**, die Gabeln

ganz – ganzem – ganzen

der **Garten**, die Gärten

geben, er gibt, wir gaben

gegen

gehen, er geht, wir gingen

gehören, er gehört

gelb

das **Geld**, die Gelder

das **Gemüse**

genau

gerade

gern

die **Geschichte**, die Geschichten

das **Gesicht**, die Gesichter

gestern

gesund, gesünder

gleich

das **Glück**

glücklich

das **Gras**, die Gräser

groß, größer

die **Größe***, die Größen

grün

grüßen*, er grüßt

gut, besser

H

das **Haar**, die Haare

haben, er hat, wir hatten

der **Hai**, die Haie

der **Haken***, die Haken

der **Hals**, die Hälse

halten, er hält, wir hielten

die **Hand**, die Hände

das **Handy**, die Handys

der **Hase**, die Hasen

das **Haus**, die Häuser

heißen, er heißt, wir hießen

helfen, er hilft, wir halfen

hell*

her

heute

die **Hexe**, die Hexen

hier

der **Himmel**, die Himmel

hin

hinter

hoch, höher

holen, er holt

hören, er hört

die **Hose**, die Hosen

der **Hund**, die Hunde

I

ich

ihm – ihn – ihnen

ihr – ihre – ihrem – ihren

im

immer

in

ins

das **Internet***

er **ist**

J

ja

das **Jahr**, die Jahre

jede – jedem – jeden

der **Junge**, die Jungen

K

das **Kabel***, die Kabel

der **Käfer**, die Käfer

der **Kaffee***

der **Käfig**, die Käfige

der **Kaiser**, die Kaiser

die **Katze**, die Katzen

kaufen, er kauft

kein – keinem – keinen

der **Keks***, die Kekse

kennen*, er kennt, wir kannten

das **Kind**, die Kinder

die **Kiste**, die Kisten

die **Klasse**, die Klassen

das **Klavier***, die Klaviere

das **Kleid**, die Kleider

klein

klug*, klüger

kommen, er kommt, wir kamen

können, er kann, wir konnten

der **Kopf**, die Köpfe

krank, kränker

die **Kuh**, die Kühe

kurz, kürzer

L

lachen, er lacht

der **Laib**, die Laibe

das **Land**, die Länder

lang, länger

der **Laptop***, die Laptops

lassen, er lässt, wir ließen

laufen, er läuft, wir liefen

der **Läufer***, die Läufer

laut

leben, er lebt

legen, er legt

leicht

leise

lernen, er lernt

lesen, er liest, wir lasen

die **Leute**

das **Licht**, die Lichter

lieben, er liebt

liegen, er liegt, wir lagen

links

das **Loch**, die Löcher

der **Löwe**, die Löwen

die **Luft**, die Lüfte

M

machen, er macht

das **Mädchen**, die Mädchen

der **Mai**

malen, er malt

man

der **Mann**, die Männer

das **Märchen**, die Märchen

die **Maschine**, die Maschinen

die **Maus**, die Mäuse

das **Meer**, die Meere

mein – meinem – meinen

der **Mensch**, die Menschen

merken, er merkt

mich

die **Milch**

mir

mit

morgen

der **Murks***

müssen, er muss, wir mussten

die **Mutter**, die Mütter

N

nach

die **Nacht**, die Nächte

die **Nadel**, die Nadeln

der **Name**, die Namen

die **Nase**, die Nasen

der **Nebel**, die Nebel

neben

nein

neu

nicht

nichts

nie

niemals

die **Niere***, die Nieren

die **Nummer***, die Nummern

nun

nur

nützen*, er nützt

O

ob

oben

oder

oft

ohne*

die **Oma**, die Omas

der **Onkel**, die Onkel

der **Opa**, die Opas

P

paar*

das **Paar***, die Paare

packen*, er packt

der **Partner**, die Partner

der **Pass***, die Pässe

der **PC***, die PCs

das **Pferd**, die Pferde

die **Pflanze**, die Pflanzen

die **Pfütze**, die Pfützen

piksen*, er pikst

der **Pinsel**, die Pinsel

die **Pizza**, die Pizzas

der **Platz**, die Plätze

plötzlich

QU

das **Quadrat**, die Quadrate

der **Quatsch**

die **Quelle**, die Quellen

R

der **Rabe**, die Raben

das **Rad**, die Räder

die **Raupe**, die Raupen

rechnen, er rechnet

reden, er redet

der **Regen**

reich

reisen, er reist

reiten, er reitet, wir ritten

riechen, er riecht wir rochen

der **Ring**, die Ringe

rollen, er rollt

rot

rufen, er ruft, wir riefen

rund

S

der **Saal***, die Säle

die **Sache**, die Sachen

der **Sack***, die Säcke

der **Saft**, die Säfte

sagen, er sagt

das **Salz**, die Salze

der **Satz**, die Sätze

das **Schaf**, die Schafe

scheinen, er scheint, wir schienen

schenken, er schenkt

die **Schere**, die Scheren

schicken*, er schickt

schieben, er schiebt, wir schoben

schief*

schießen*, er schießt, wir schossen

schlafen, er schläft, wir schliefen

schlaksig*

schlecht

schlimm

schmecken*, er schmeckt

der **Schnee**

schneiden, er schneidet, wir schnitten

schnell

schon

schön

der **Schreck**, die Schrecke

schreiben, er schreibt, wir schrieben

der **Schuh**, die Schuhe

die **Schule**, die Schulen

schützen, er schützt

schwarz

schwer

die **Schwester**, die Schwestern

schwierig

schwimmen, er schwimmt, wir schwammen

sechs

der **See**, die Seen

sehen, er sieht, wir sahen

sehr

die **Seife**, die Seifen

sein – seinem – seinen

seit

die **Seite**, die Seiten

setzen*, er sitzt, wir saßen

sie

sieben

sie **sind**

singen, er singt, wir sangen

sitzen, er sitzt, wir saßen

die **Skizze**, die Skizzen

die **SMS***

so

sofort

sollen, er soll

der **Sommer**

die **Sonne**, die Sonnen

sparen, er spart

spazieren*, er spaziert

der **Spiegel***, die Spiegel

spielen, er spielt

spitz*

der **Sport**

sprechen, er spricht, wir sprachen

springen, er springt, wir sprangen

der **Staat***, die Staaten

die **Stadt**, die Städte

staksen*, er stakst

stark, stärker

stehen, er steht, wir standen

steigen, er steigt, wir stiegen

der **Stein**, die Steine

stellen, er stellt

der **Stern**, die Sterne

die **Stimme***, die Stimmen

der **Stopp***, die Stopps

die **Straße**, die Straßen

das **Stück**, die Stücke

der **Stuhl***, die Stühle

die **Stunde**, die Stunden

der **Sturm***, die Stürme

suchen, er sucht

surfen*, er surft

T

das **Tablet***, die Tablets

der **Tag**, die Tage

tanken, er tankt

die **Tante**, die Tanten

die **Tasche**, die Taschen

die **Tastatur***, die Tastaturen

das **Taxi**, die Taxis

der **Tee***, die Tees

das **Telefon**, die Telefone

der **Text**, die Texte

tief

das **Tier**, die Tiere

der **Tiger**, die Tiger

der **Tisch**, die Tische

die **Tomate**, die Tomaten

tragen, er trägt, wir trugen

trinken, er trinkt, wir tranken

trocken*

tun, er tut, wir taten

die **Tür**, die Türen

turnen, er turnt

U

üben, er übt
über
die **Uhr**, die Uhren
um
umkehren*, er kehrt um
und
ungefähr*
uns – unserem – unseren

V

die **Vase**, die Vasen
der **Vater**, die Väter
vergessen, er vergisst, wir vergaßen
der **Verkäufer**, die Verkäufer
verlieren, er verliert, wir verloren
verstecken, er versteckt
verwandt
viel, mehr
vielleicht
vier
violett*
das **Vitamin***, die Vitamine
der **Vogel**, die Vögel
voll
vom
von
vor
vorn*

W

die **Waage***, die Waagen
der **Wagen**, die Wagen
wahr
der **Wald**, die Wälder
die **Wange***, die Wangen
wann
warten, er wartet
warum
was
das **Wasser**, die Wasser
der **Wecker***, die Wecker
der **Weg**, die Wege
weil
weinen, er weint
weiß*
weit
weiter
welche – welchem – welchen
wem
wen
wenig
wer
werden, er wird, wir wurden
werfen, er wirft, wir warfen
wie
wieder
die **Wiese**, die Wiesen
der **Wind**, die Winde
der **Winter**
wir
der **Witz***, die Witze
wo
die **Woche**, die Wochen
die **Woge***, die Wogen
der **Wolf**, die Wölfe
die **Wolke**, die Wolken
wollen, er will, wir wollten
das **Wort**, die Wörter
wünschen, er wünscht
die **Wurst**, die Würste
die **Wurzel**, die Wurzeln
die **Wut***

Z

zackig*
die **Zahl**, die Zahlen
zahlen, er zahlt
zählen, er zählt
der **Zahn**, die Zähne
der **Zaun***, die Zäune
der **Zeh**, die Zehen
zehn
zeigen, er zeigt
die **Zeit**
die **Zeitung**, die Zeitungen
die **Ziege**, die Ziegen
ziehen, er zieht, wir zogen
zielen, er zielt
das **Zimmer**, die Zimmer
zu
zum
zur
die **Zukunft***
zuletzt
zurück
zusammen
zwei
die **Zwiebel**, die Zwiebeln